dtv

Tessa Randau

DER WALD, VIER FRAGEN, DAS LEBEN UND ICH

Von einer Begegnung, die alles veränderte

Mit Illustrationen von Ruth Botzenhardt

dtv

MIX
Papier aus verantwortungsvollen Quellen
FSC® C083411
FSC
www.fsc.org

Originalausgabe 2020
8. Auflage 2021
dtv Verlagsgesellschaft mbH & Co. KG, München

Dieses Werk wurde vermittelt durch die
Literarische Agentur Michael Gaeb.

Umschlaggestaltung und Innenabbildungen:
Ruth Botzenhardt | buxdesign, München
Gesetzt aus der Sabon
Satz: Charlotte Dölker im Verlag
Druck und Bindung: CPI books GmbH, Leck
Printed in Germany · ISBN 978-3-423-34976-5

Für meine Eltern,
in Liebe

WER SEINEM
INNEREN KOMPASS
♡ * FOLGT, ♡ *
KOMMT AUCH MIT
GESCHLOSSENEN
AUGEN
← ANS ZIEL →

DIE BEGEGNUNG

Wie oft habe ich mir schon den Kopf darüber zerbrochen, was mich an diesem Tag dorthin führte. War es die Sonne, die nach langer Abwesenheit so intensiv schien, als sei der Sommer zurückgekehrt, und mir das Gefühl gab, alles sei möglich? Oder war es der Moment zwei Tage zuvor gewesen, als ich mich plötzlich heulend auf unserem Esszimmerboden wiederfand, umgeben von tausend Brotkrümeln und orangefarbenen Möhrenbreiflecken. Vielleicht war es auch die Enge, die ich in meinem Brustkorb spürte, als ich abgehetzt von der Arbeit in mein Auto sprang, um schnell zur Kita und zur Schule zu fahren? Vage erinnere ich mich daran, dass ich unsere Babysitterin anrief und sie bat, die Kinder abzuholen. Ich gab vor, noch in ein wichtiges Meeting zu müssen. »Es kann spät werden«, fügte ich hinzu. Dann fuhr ich los, ohne mein Ziel zu kennen.

Irgendwann später, ich hatte mein Auto schon lange abgestellt, lief ich einen schmalen, von hohen Laubbäumen gesäumten Pfad entlang. Das rotbraune Blätterdach raschelte über meinem Kopf. Die ockergelben

Strahlen der Nachmittagssonne, die schräg durch vereinzelte Lücken fielen, tauchten die Umgebung in ein warmes Licht. Und dann war sie da. Meine Lichtung. Die alte knorrige Eiche, in deren dicken Stamm ich einst mühsam meine Initialen geritzt hatte, breitete ihre mächtigen Äste aus, als wolle sie mich willkommen heißen. Ein sanfter Wind ließ ihre gelben Blätter tänzelnd zu Boden schweben. Unter dem Baum, verwittert, aber noch ganz, die alte Bank. Nichts hatte sich verändert. Ein Fleckchen Erde, das wirkte, als sei es aus der Zeit gefallen. Es war, als wäre ich nach Hause gekommen.

Ich setzte mich hin und strich mit der Hand über das raue, von Flechten überzogene Holz, das sich angenehm warm anfühlte. Warum war ich nur so lange nicht mehr hier gewesen? Wie war es möglich, dass dieser Ort so viele Jahre aus meinem Leben verschwunden war? Plötzlich überfiel mich eine tiefe Traurigkeit, und meine Augen füllten sich mit Tränen. Was war nur los mit mir? Warum brachten mich in letzter Zeit schon Kleinigkeiten aus der Fassung? Warum war ich ständig gereizt und verlor viel zu schnell die Nerven? An diesem Morgen erst hatte ich die neue Kollegin zusammengestaucht, die mir versehentlich zwei falsche Zahlen übermittelt hatte. Eine Lappalie, aus der ich normalerweise keine große Sache gemacht hätte.

Ich betrachtete die Sonne, die gerade den Horizont berührte, und seufzte. Wahrscheinlich war ich einfach nur müde und unausgeschlafen. Der Kleine hatte mich in der Nacht zuvor mit seinem Husten fast jede Stunde geweckt. Und auch die Nächte davor waren viel zu kurz gewesen, weil ich lange grübelnd wach gelegen und über mein neues Projekt in der Firma nachgedacht hatte.

»Wenn ich gleich heimkomme, lass ich einfach mal alles liegen und gehe direkt nach den Kindern ins Bett«, beschloss ich. Schon bei dem Gedanken an Schlaf fühlte ich mich ein bisschen besser.

»Außerdem brauche ich dringend eine kleine Auszeit«, schoss es mir durch den Kopf. Sehnsüchtig dachte ich an die große Sitzlandschaft in unserem Wohnzimmer, die inzwischen überwiegend als Hüpfburg genutzt wurde. Wie schön wäre es, dort endlich einmal wieder in Ruhe zu sitzen und einen Krimi zu lesen, ohne gestört zu werden. Oder mich in der Sauna zu entspannen, eingehüllt in wohltuende Dampfschwaden. Oder mal wieder essen zu gehen, mit meiner Freundin Heike. Zwei, drei Gläschen Wein, gute Gespräche und einfach unbeschwert sein. Wie sehr ich das vermisste.

Ich seufzte. Wieder einmal wurde mir schmerzlich bewusst, wie sehr mir meine besten Freundinnen fehlten. Seit der fünften Klasse waren Melli, Gisi, Heike und ich ein unzertrennliches Kleeblatt gewesen. Doch das Leben hatte uns auseinandergewirbelt. Inzwischen musste ich durch die halbe Republik reisen, wenn ich

Melli sehen wollte. Gisi hatte es sogar bis nach Amerika verschlagen. Und auch Heike traf ich viel zu selten, obwohl wir in derselben Stadt wohnten. Zuletzt hatten wir uns vor drei Monaten an ihrem Geburtstag gesehen. Selbst zum Telefonieren kamen wir kaum noch.

»Schluss mit dem Selbstmitleid!«, schalt ich mich und wischte die nassen Spuren meiner Tränen mit dem Handrücken weg. Dann fischte ich mein Handy aus der Handtasche, die neben mir auf der Bank lag, und schrieb: »Hallo Heike, vermisse dich! Lust auf einen Mädelsabend? Würde mich total freuen.« Dann fügte ich noch einen lachenden Smiley hinzu und spürte, wie sich auch meine Gesichtszüge wieder aufhellten. Ich drückte auf Senden, lehnte mich zurück und schloss die Augen.

16 Uhr. Ich war auf die Minute pünktlich. Leichtfüßig lief ich die schmale Treppe hinauf, die zu der kleinen Terrasse führt. Die meisten Tische waren schon besetzt. Doch von Heike war noch nichts zu sehen.

»Ciao, Bella«, begrüßte mich Luigi, der gerade mit einem vollen Tablett nach draußen kam. »Wie geht's dir?« Er stellte zwei Latte macchiato, einen Eisbecher mit Sahne und ein großes Stück Kuchen auf einen der hellen Holztische, an dem ein grauhaariges Paar saß.

»Prego«, sagte er und dann, wieder zu mir gewandt: »Und du sitzt heute hier.« Er ging zu einem kleinen Tisch am Rande der Terrasse, von wo aus man einen besonders schönen Blick aufs Wasser hatte.

»Danke«, sagte ich und setzte mich. »Schön, mal wieder hier zu sein!«

»Hast du schon einen Wunsch?«, fragte Luigi und zückte seinen Bestellblock.

»Danke«, erwiderte ich. »Ich warte mit der Bestellung noch, bis Heike da ist. Sie muss jeden Moment kommen.«

»Oh, wie schön!«, sagte Luigi und zwinkerte mir zu. »Dann wird's wohl wieder der Freundschaftsbecher, si?«

»Wer weiß«, sagte ich und musste bei dem Gedanken daran schmunzeln.

Heike und ich kannten das »Luigis« schon seit unserer Schulzeit. Damals hatte das kleine gemütliche Eiscafé gerade neu eröffnet, und wir waren oft, gemeinsam mit Melli und Gisi, dorthin gegangen. Meist hatten wir, da unser Taschengeld knapp war, zu viert an einem riesigen Krokantbecher mit Sahne gelöffelt, den Luigi irgendwann spaßeshalber »Freundschaftsbecher« getauft hatte.

Ich lehnte mich zurück. Auch heute zeigte sich der frühe Herbst wieder von seiner schönsten Seite. Unterhalb der kleinen Terrasse breitete sich der Fluss aus, an dessen Ufern viele Menschen die letzten Sonnenstrahlen genossen. Zu Fuß, auf Fahrrädern oder Inlineskates. Die Blätter der hohen Bäume, die zu beiden Seiten des Flusses standen, waren in unterschiedlichste Rot-, Gelb-, Grün- und Brauntöne gefärbt. Kurz beobachtete ich einen Labrador, der immer wieder begeistert ins Wasser sprang, um einen Stock zu apportieren, dann sah ich auf meine Uhr. »Wo bleibt Heike nur«, fragte ich mich nervös, denn um 18 Uhr musste ich schon wieder los und die Kinder abholen.

Schon seit Tagen hatte ich innerlich gebetet, dass nicht plötzlich eines unserer Kinder krank werden würde und wir das Treffen verschieben mussten. Es war schwer genug gewesen, diesen Termin zu finden. Seit ich meine Nachricht aus dem Wald an Heike geschickt hatte, waren zwei Wochen vergangen. Wochen, in denen ich mich mühsam durch den Alltag geschleppt hatte.

Zwanzig nach vier. Ob Heike irgendwo im Berufsverkehr stecken geblieben war? Ich holte mein Handy aus der Handtasche, die ich neben mich auf den leeren Stuhl gelegt hatte, und schrieb: »Wo bleibst du? Alles okay?«

Zehn Sekunden später kam die Antwort. »Oh nein!!!! War das heute??? Hab mir den Termin für nächsten Mittwoch eingetragen. Sorry, Süße! Kannst du da auch? Drück dich. Heike.«

Eine halbe Stunde später erreichte ich die alte Bank. Meine Glieder fühlten sich schwer an, so, als würde ich schon den ganzen Tag eine große Last mit mir herumschleppen. Ich setzte mich hin und sah nach oben. Die letzten Strahlen der Nachmittagssonne verfügten noch über genügend Kraft, um die Krone der alten Eiche golden leuchten zu lassen. Langsam ließ ich mich gegen die Rückenlehne sinken und schloss die Augen. Ich spürte, wie der Wind sanft über meine Arme strich, und lauschte dem Zwitschern der Vögel, das aus den Baumkronen zu mir herüberwehte. Nach und nach wurden mein Körper leichter und meine Lider schwerer. Mir war, als würden mich die Geräusche des Waldes ein Stück weit davontragen.

»Ein schönes Fleckchen Erde, nicht wahr?«, fragte plötzlich eine fremde Stimme. Erschrocken fuhr ich zusammen und öffnete die Augen. Neben mir auf der Bank saß eine alte Frau mit weißem Haar und lächelte mich freundlich an. Wo war sie nur auf einmal hergekommen? Ich hatte nichts gehört.

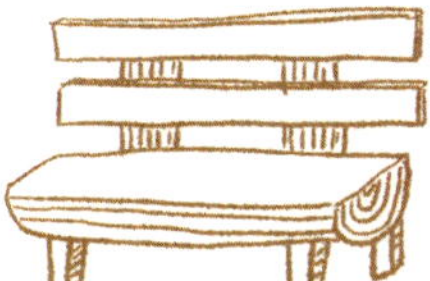

»Lassen Sie sich nicht stören«, sagte sie. »Ich setze mich manchmal hierhin, um ein bisschen nachzudenken.«

Für einen kurzen Moment hatte ich den Impuls aufzustehen. Ich war nicht hierhergekommen, um nach Gesellschaft zu suchen. Im Gegenteil. Doch vielleicht würde die alte Dame wieder gehen, wenn sie begriff, dass ich nicht an einem Schwätzchen interessiert war. Demonstrativ schloss ich erneut die Augen und hörte, wie ein Vogel im Dickicht scharrte.

»Sie sind auf der Suche«, sagte sie wieder in die Stille hinein. Es klang mehr wie eine Feststellung als wie eine Frage.

»Stimmt, nach Ruhe«, hätte ich am liebsten geantwortet, verkniff es mir aber und öffnete abermals die Augen.

»Wie kommen Sie darauf?«, fragte ich stattdessen und betrachtete meine Banknachbarin von der Seite. Sie hatte ihr weißes Haar streng zurückgekämmt und zu einem Dutt zusammengesteckt. Unter ihrem schlichten weißen Leinenkleid, das ihr bis zu den Fußknöcheln reichte, zeichnete sich ein schlanker, drahtiger Körper ab.

»Es war nur so ein Gefühl«, antwortete sie.

Wieder schloss ich die Augen. Ich war müde. Unendlich müde.

»Ich habe diesen Ort schon als Kind geliebt …«, hörte ich ihre Stimme einige Minuten später wieder neben mir. Ich hatte schon gehofft, die fremde Frau sei so leise, wie sie gekommen war, wieder verschwunden. Statt zu antworten, gab ich nur ein leises Brummen von mir.

»... und auch als Erwachsene bin ich ab und zu hierhergekommen, wenn ich nicht mehr weiter wusste.«

»Und dann?« Ich öffnete die Augen und sah sie an. Später habe ich mich noch oft gefragt, was mich in diesem Moment dazu bewog, diese Frage zu stellen. Und wie mein Leben weiter verlaufen wäre, wenn ich es nicht getan hätte.

Die alte Frau bückte sich und hob ein Blatt auf, das gerade zu Boden gefallen war.

»Es gab mal eine Zeit, da fühlte ich mich wie ein Blatt im Wind. Es war, als trudelte ich haltlos durch die Luft, ohne zu wissen, wie ich die Kontrolle wiedererlangen konnte.«

Ich bekam eine Gänsehaut. Besser hätte ich meine eigenen Gefühle nicht beschreiben können.

»Dabei«, fuhr sie fort, »war von außen betrachtet alles gut: Ich hatte zwei kleine Kinder, einen lieben Mann, einen interessanten Beruf.« Sie machte eine kurze Pause und sah in die Ferne, so, als suche sie dort etwas am Horizont. »Aber in meinem Innersten sah es anders aus. Ich war so müde, so leer. Alles war anstrengend – selbst die schönen Dinge. Ich wusste nicht, was ich ändern sollte. Und das machte mir Angst. Kennen

Sie das?«, fragte sie nach einer kurzen Pause und sah mich an.

Es war, als hätte diese wildfremde Frau gerade über mich und mein Leben gesprochen. Doch ich war nicht bereit, ihr Dinge anzuvertrauen, die ich selbst nicht wirklich verstand.

»Was hat sich verändert?«, versuchte ich mit einer Gegenfrage auszuweichen.

»Ach, wissen Sie, ich habe damals viel nachgedacht und das ein oder andere ausprobiert. Und dann sind mir die Fragen des Lebens begegnet.«

»Fragen des Lebens?«

»Auf den ersten Blick betrachtet sind es eigentlich nur vier simple Fragen«, sagte die alte Dame. »Aber sie haben die Kraft, ein ganzes Leben zu verändern.« Ihre Augen glänzten, als hätte sie mir gerade einen wertvollen Schatz zu Füßen gelegt.

»Wer's glaubt«, dachte ich spöttisch. Wahrscheinlich war die alte Dame sehr einsam und suchte gezielt nach Menschen zum Reden. Und damit ein möglichst langes Gespräch aufkam, hatte sie sich diesen Unsinn ausgedacht. Ich hielt es für besser, unsere Unterhaltung an diesem Punkt zu beenden, und stand auf.

»Ich mache Ihnen einen Vorschlag«, sagte sie, als sie sah, dass ich gehen wollte. »Ich verrate Ihnen die erste Frage. Dann können Sie selbst herausfinden, ob etwas an der Sache dran ist.«

»Mhm«, murmelte ich und dachte kurz nach. Auch wenn das Ganze völlig absurd klang, musste ich doch zugeben, dass ich neugierig geworden war. »In Ordnung«, stimmte ich schließlich zu und setzte mich wieder.

»Was meinen Sie?«, fuhr sie fort, »wovon sollten wir uns leiten lassen, wenn wir eine Entscheidung treffen? Von unserem Kopf oder unseren Gefühlen?«

»Ist das die Frage?«, wollte ich wissen.

»Nein«, sagte sie und zwinkerte mir zu. »So weit sind wir noch nicht. Wir müssen uns ihr Schritt für Schritt nähern.«

»Auch das noch«, dachte ich und hätte am liebsten die Augen verdreht. Doch dann überlegte ich: Natürlich waren Gefühle wichtig, keine Frage, und man sollte sie dort, wo es sinnvoll war, auch ernst nehmen. Dennoch sollte bei wichtigen Entscheidungen der Kopf das letzte Wort haben, davon war ich – nicht nur in meinem Job als Controllerin – überzeugt.

»Vom Kopf«, antwortete ich deshalb.

»Und warum?«

»Weil wir nur mit Hilfe der Ratio logische und objektiv richtige Entscheidungen fällen können.«

»Meinen Sie?« Die alte Dame lächelte.

Erst jetzt fiel mir auf, wie glatt ihre Wangen waren, obwohl sie sicherlich über achtzig war. Oder war sie doch erst sechzig? Irgendwie war es mir unmöglich, ihr

Alter einzuschätzen. Etwas an ihr wirkte sehr alt, ein anderer Teil fast noch jugendlich. Plötzlich hatte ich das Gefühl, dass wir uns schon einmal irgendwo begegnet waren.

»Haben Sie Lust auf ein Gedankenspiel?«, fragte sie mich schließlich.

»Okay«, antwortete ich zögerlich. Ich konnte nicht genau sagen, warum, aber auf irgendeine Art und Weise faszinierte mich die alte Dame.

»Nehmen wir mal an, es gäbe eine junge Frau namens Julia«, sagte sie und faltete die Hände in ihrem Schoß. »Julia ist Anfang dreißig, sehr ehrgeizig und zielstrebig. Sie möchte unbedingt beruflich vorankommen, Karriere machen. Ihr Ziel: eines Tages eine Führungsposition zu erlangen. Julia hat aber noch einen weiteren Lebenstraum. Sie möchte Kinder. Dieser Wunsch ist so groß, dass sie und ihr Mann schon seit einiger Zeit versuchen, ein Kind zu bekommen.« Die alte Dame machte eine kurze Pause und sah mich an. »Alles so weit verständlich?«

Ich nickte, schließlich gab es da nichts, was schwer zu begreifen war.

»Nun passiert Folgendes«, fuhr sie fort. »Ganz unerwartet kündigt eine Vorgesetzte, und Julias Chef, der große Stücke auf sie hält, fragt sie, ob sie diese Position übernehmen möchte. Es ist ein Job mit interessanten Aufgaben, aber auch mit viel Verantwortung. Eine

Vollzeitstelle, bei der unregelmäßige Arbeitszeiten und Überstunden vorprogrammiert sind. Julia, die sich in den ersten Lebensjahren möglichst viel selbst um ihre Kinder kümmern möchte, weiß, dass sie diesen Job nur annehmen kann, wenn sie ihren Kinderwunsch nach hinten verschiebt. Sie ist verunsichert, weiß nicht, was sie tun soll: die Chance ergreifen oder das Angebot ablehnen?«

Sie sah mich an und lächelte freundlich. »Was würden Sie Julia raten? Was wäre aus Ihrer Sicht die objektiv richtige Entscheidung?«

Ich dachte kurz nach. Wo lag das Problem? Kind und Karriere waren doch mittlerweile kein Widerspruch mehr. Die alte Dame schien ziemlich antiquierte Vorstellungen zu haben.

»Ich finde, Julia sollte das Angebot annehmen und sich erst einmal auf die Karriere konzentrieren. Schließlich ist sie erst Anfang dreißig und hat noch viele Jahre Zeit zum Kinderkriegen. Vielleicht ergibt sich ja später die Möglichkeit, den Job runterzufahren. Und wenn nicht, kann sie trotzdem Mutter werden und ihr Kind in eine gute Betreuung geben.«

Die alte Dame nickte zustimmend. »Das klingt logisch und vernünftig«, pflichtete sie mir bei. Dann hob sie eine Augenbraue.

»Aber angenommen, Julias Herz sagt, dass sie jetzt und nicht später ein Kind bekommen möchte. Trotzdem willigt sie in das Jobangebot ein, weil sie Angst hat, dass sich ihr solch eine berufliche Chance nicht noch einmal bieten wird. Von Anfang an nagt ein Gefühl der Unzufriedenheit an ihr. Die Jahre vergehen, doch an Kürzertreten ist nicht zu denken. Julia wird immer unglücklicher. Inzwischen haben bereits all ihre Freundinnen Kinder. Mit Ende dreißig beschließt Julia, dass sie nicht mehr länger warten will. Sie versucht schwanger zu werden, doch es klappt nicht. Auch mehrere künstliche Befruchtungen führen nicht zum Erfolg. Die Situation wird immer belastender, sodass Julias Ehe daran zerbricht. Auch von ihren Freundinnen zieht sie sich zurück, weil sie deren Familienglück nicht mehr ertragen kann. Mit Ende vierzig ist Julia eine einsame, vom Leben enttäuschte Frau. Und das, obwohl sie eine objektiv vernünftige Entscheidung getroffen hat.«

»So ein Quatsch«, dachte ich ärgerlich. »Natürlich wäre auch solch ein Horrorszenario denkbar. Aber es sind doch noch zig andere Varianten möglich«, hielt ich dagegen.

»Welche denn zum Beispiel?«, hakte die alte Dame nach.

»Julia könnte den Job annehmen, völlig darin aufgehen und irgendwann feststellen, dass sie gar keine Kinder mehr will. Stattdessen könnte sie ihre beruflichen Erfolge und ihre Unabhängigkeit genießen.«

»Oder«, ich spürte, wie ich so richtig in Fahrt kam,

»sie könnte die Führungsposition ablehnen, Kinder bekommen und später den nächsten Karriereschritt machen. Wenn sie gut ist in dem, was sie tut, werden sich bestimmt weitere Chancen ergeben.«

»Außerdem«, fügte ich noch schnell hinzu, als ich sah, dass die alte Dame Luft holte, um etwas zu erwidern, »könnte Julia die neue Stelle annehmen und dennoch relativ schnell ein Kind bekommen. Auch wenn sie sich dann weniger selbst darum kümmern könnte, als sie es ursprünglich wollte, hieße das noch lange nicht, dass sie damit nicht trotzdem glücklich werden würde.«

»Okay!«, sagte die alte Dame und strich sich eine graue Haarsträhne aus dem Gesicht. »Das sind viele gute Einwände. Was meinen Sie, was wäre denn nun die objektiv richtige Entscheidung?«

Erst jetzt wurde mir bewusst, wie raffiniert sie mich aufs Glatteis geführt hatte.

»Na ja, in diesem Fall gibt es vielleicht keine«, gab ich widerwillig zu.

»Aber wie kann Julia dann herausfinden, was sie tun soll, wenn es keine objektiv richtige Lösung gibt?«

Einen Moment lang wusste ich nicht, was ich darauf antworten sollte. Intuitiv schloss ich die Augen und dachte nach. »Mithilfe ihrer Gefühle«, sagte ich, als ich sie ein paar Sekunden später wieder öffnete, und war selbst überrascht über meine Worte.

»Und wie könnte das konkret funktionieren?«

Wieder schloss ich die Augen, um nachzudenken. »Bevor Julia eine Entscheidung trifft, sollte sie in sich hineinhorchen«, sagte ich dann. »Sich fragen: ›Was will ich wirklich?‹ Erst wenn sie die Antwort darauf gefunden hat, kann sie die richtige Entscheidung fällen.« Ich öffnete die Augen und blickte direkt in das Gesicht der alten Dame, die jetzt so breit lächelte, als ob ich gerade den Jackpot geknackt hätte.

»Besser hätte ich es auch nicht sagen können. Natürlich ist unser Kopf wichtig. Er hilft uns dabei, Dinge aus verschiedenen Perspektiven zu beleuchten, Vor- und Nachteile abzuwägen. Doch bei all unseren Entscheidungen sollten auch unsere Gefühle Ja sagen.« Sie machte eine kurze Pause und sah mir intensiv in die Augen. »Unsere Gefühle sind wie ein innerer Kompass, der uns leitet. Manche spüren ihn im Bauch, andere«, sie legte ihre Hände auf ihre Brust, »im Herzen. Im Idealfall lenkt er uns bei all unseren Handlungen. Doch viele Menschen ignorieren ihren inneren Kompass, weil sie glauben, dass Gefühle bei wichtigen Entscheidungen nichts verloren haben, ja, sie halten sie sogar für schädlich. Manche können ihren inneren Kompass gar nicht mehr spüren, weil sie ihre Gefühle schon so häufig verdrängt haben. Sie treffen ihre Entscheidungen ausschließlich mit dem Kopf.« Sie legte ihre Stirn in Falten. »Doch genau hier liegt die Gefahr: Denn Dinge, die rational betrachtet vielleicht vernünftig erscheinen, müssen sich noch lange nicht gut anfühlen. Aber genau darauf kommt es an. Dass wir uns mit unseren Entscheidungen wohlfühlen. Schließlich sind wir Menschen aus Fleisch und Blut und keine Roboter.«

»Es ist also völlig egal, wie Julia sich entscheidet. Wichtig ist nur, dass ihr Kopf und ihr Herz in Einklang stehen?«, fasste ich das Gehörte noch einmal zusammen.

»Genau!« Sie nickte. »Es gibt nicht nur den einen richtigen Weg, sondern zig Varianten. Der Schlüssel zu Julias Glück liegt einzig und alleine darin, dass sie das, was sie tut, auch wirklich will. Dass sie bei jeder Entscheidung, die sie fällt, ihrem inneren Kompass folgt.«

Ich nahm einen tiefen Atemzug und spürte, wie wohltuend die frische Luft durch meine Lunge strömte. Auch wenn ich es anfangs nicht für möglich gehalten hätte, musste ich zugeben, dass das Gespräch interessant gewesen war. Trotzdem reichte es jetzt. Erschöpft rieb ich meine müden Augen.

»Wie sieht es aus? Wollen Sie immer noch die erste Frage des Lebens wissen?«, erkundigte sich die alte Dame. Sie schien bemerkt zu haben, dass mein Redebedarf endgültig gedeckt war.

»Ja.« Ich nickte.

»Sie haben sie übrigens schon selbst gefunden«, sagte sie und ihre braunen Augen blitzten schelmisch.

Ich war völlig perplex. »Wie meinen Sie das?«

»Eben, als Sie nach einer Lösung für Julia gesucht haben.«

Ich hatte immer noch keine Ahnung, was die alte Dame mir sagen wollte. »Wie lautet die Frage denn?«, fragte ich ungeduldig. Schließlich hatte ich keine Lust, mich jetzt auch noch auf ein Ratespielchen einzulassen.

»Na, dann will ich Sie nicht länger auf die Folter spannen«, sagte sie lächelnd. »Die erste Frage des Lebens lautet: ›Will ich das wirklich?‹«

»Wie bitte? Und dafür dieses lange Vorgeplänkel?«, dachte ich enttäuscht.

»Jetzt verrate ich Ihnen noch, wie Sie diese Frage anwenden müssen«, fügte sie hinzu.

»Anwenden«, was war das denn schon wieder für eine absurde Formulierung? Hier ging es doch nicht um ein Medikament, vor dessen Einnahme man zuerst einen Beipackzettel lesen musste.

»Fragen Sie sich ab jetzt in jeder wichtigen Situation, die auf Sie zukommt: ›Will ich das wirklich?‹ Sagt Ihr innerer Kompass Ja, so tun Sie das, was nötig ist. Sagt Ihr Kompass Nein, sollten Sie nach einer alternativen Lösung suchen. Eine, die sich für Sie gut anfühlt und zu der Sie mit Überzeugung Ja sagen können. So einfach ist es.«

Plötzlich stand die alte Frau auf. »Es war schön, mit Ihnen zu reden«, sagte sie und schenkte mir noch ein letztes, herzliches Lächeln. Die Sonne, die inzwischen weitergewandert war, warf zartrosa Strahlen auf ihr Gesicht. Dann ging die alte Dame, ohne sich noch einmal umzudrehen, den kleinen Pfad entlang und war wenige Sekunden später aus meinem Blickfeld verschwunden.

VIELLEICHT
JA
NEIN
DOCH NICHT
nw
ne
sw
se

EIN JA MIT FOLGEN

Am Abend nach der Begegnung im Wald hatte ich die Gedanken an das Gespräch weit von mir geschoben, zu absurd war mir all das vorgekommen. Bis am nächsten Nachmittag mein Handy klingelte und sich Anja, die Vorsitzende des Kita-Fördervereins, meldete. »Wir brauchen noch Kuchen für den Kleiderbasar am Samstag. Kannst du einen backen?«, hatte sie gefragt. Wie immer hatte ich Ja gesagt. Doch als ich den Hörer auflegte, fühlte ich mich auf einmal leer und kraftlos. Ich machte mir einen starken Espresso, setzte mich an den Esszimmertisch und sah zu, wie mein 15 Monate alter Sohn genüsslich an einem gelben Legostein lutschte. Er hatte ihn seiner fünf Jahre älteren Schwester stibitzt, die auf dem Wohnzimmerboden saß und hoch konzentriert ein Prinzessinnenschloss baute.

»Was ist los mit mir?«, fragte ich mich. »Warum bin ich so niedergeschlagen? Es geht doch nur darum, einen Kuchen zu backen. Warum wirft mich solch eine unbedeutende Sache so aus der Bahn?« Dann kam mir plötzlich eine Idee. Ich schloss meine Augen und fragte mich: »Will ich das wirklich?« Ich spürte – nichts. Ich versuchte es noch einmal. Während ich mir die erste der vier Fragen des Lebens stellte, versuchte ich, tief in meinen Bauch zu atmen, so, wie es auf meiner Entspannungs-CD, die irgendwo ganz unten in einer Schublade vergraben war, empfohlen wurde. Nach mehreren Anläufen spürte ich etwas. Ein ganz leises, zaghaftes Nein.

Ich hatte im Moment viel Stress im Büro und würde am Freitag länger arbeiten müssen. Genau aus diesem Grund hatte ich für Freitagnachmittag die Babysitterin gebucht. Wenn ich heimkam, würde auch dort viel Arbeit auf mich warten. Und wenn ich endlich mit allem fertig sein würde, sollte ich mich in die Küche stellen und auch noch einen Kuchen backen? Allein schon der Gedanke daran ließ meine Stimmung weiter in den Keller sinken. Denn anders als die meisten Frauen in meinem Bekanntenkreis hasse ich Kuchenbacken. Auch Einkaufen und Kochen sind mir ein Graus, und ich bin froh, dass meine Mäuse in der Schule und in der Kita mit Essen versorgt werden und ich abends nur noch Brote schmieren muss. Meine Nachbarin Eva hat mir einmal erzählt, sie könne beim Kuchenbacken so gut entspannen wie beim Yoga. Ich dagegen gerate jedes Mal fast an den Rand eines Nervenzusammenbruchs, weil immer etwas schiefgeht.

Warum hatte ich also Ja gesagt? Weil mein Kopf der Ansicht gewesen war, dass es – logisch betrachtet –

keine große Sache war, abends noch schnell einen Kuchen zu backen? Nein, es war etwas anderes gewesen: Ich hatte Anja nicht enttäuschen wollen. Und ich wollte vor den anderen Müttern nicht als Drückebergerin dastehen. War das Ja also doch richtig gewesen?

Wieder schloss ich die Augen und fragte mich: »Will ich wirklich diesen Kuchen backen?« Diesmal war das Nein lauter, klarer. Statt zu backen, wollte ich viel lieber auf dem Sofa sitzen und die Füße hochlegen oder – besser noch – endlich einmal früh schlafen gehen.

Ich griff zum Handy, um Anja zu sagen, dass ich diesmal keinen Kuchen backen konnte, ließ es aber wieder sinken, weil ich ein leichtes Ziehen im Bauch spürte. Auch diese Lösung fühlte sich nicht gut an. Wieder schloss ich die Augen und horchte in mich hinein. Und plötzlich war die Antwort da: Ich würde einen Kuchen kaufen, bei unserem Lieblingsbäcker. Dort hatte ich schon häufiger ganze Zitronen-, Streusel- oder Zupfkuchen gesehen. Solch einen würde ich spenden. Dann bekam der Förderverein Geld für das große Sonnensegel, das die Kita so dringend brauchte, und ich hatte am Freitagabend meine Ruhe.

»Mami, kannst du mir helfen?«, fragte meine Große. Mühsam versuchte sie, ein schiefes Eingangstor mit rosafarbenen Zwiebeltürmen vor ihrem Schloss zum Stehen zu bringen.

»Moment, Maus, bin sofort bei dir«, sagte ich und

ging in die Küche, um meine Tasse in die Spülmaschine zu stellen.

Ich würde den Kuchen am Samstagmorgen kaufen und beim Basar vorbeibringen, überlegte ich. Plötzlich kam mir noch eine bessere Idee: Wie wär's, wenn ich meinen Mann Martin bitten würde, den Kuchen zu besorgen und die Kinder mitzunehmen? Direkt neben dem Basar war ein großer Spielplatz, dort könnte er noch ein bisschen mit den beiden bleiben, und ich hätte endlich einmal wieder die Gelegenheit, mich richtig auszuschlafen. Ich spürte, wie meine Mundwinkel bei dieser verlockenden Vorstellung nach oben schnellten. Und am Sonntag würde ich mich revanchieren: Dann würde ich die Kinder übernehmen und Martin konnte so lange im Bett liegen bleiben, wie er wollte.

»So, jetzt bin ich bereit«, sagte ich und setzte mich gut gelaunt mitten ins Lego-Chaos zu meinen Kindern. Die Leere und Kraftlosigkeit waren plötzlich verschwunden.

Zwei Tage später wachte ich mit fürchterlichen Kopfschmerzen auf. Weder eine heiße Dusche noch ein starker Kaffee halfen. Mir war flau im Magen, und das weiße Morgenlicht stach in meinen Augen. Migräne. Ausgerechnet heute! Ich nahm eine Tablette und machte mich daran, den Kleinen anzuziehen. Mein Kopf dröhnte, als würde darin ein Schmied mit seinem Hammer auf einen Amboss schlagen.

Martin kam ins Bad und putzte sich die Zähne. Als der Kleine fertig angezogen war, blieb ich auf dem Boden sitzen, lehnte mich an die Wanne und schloss die Augen. Wollte ich wirklich in die Firma gehen, trotz der höllischen Schmerzen, trotz der Erschöpfung und Abgeschlagenheit, die ich fühlte? Noch vor wenigen Tagen wäre ich niemals auf die Idee gekommen, mir diese Frage überhaupt zu stellen. Schließlich hatte ich heute eine wichtige Präsentation vor drei Vorstandsmitgliedern. Diesmal war mein innerer Kompass ganz klar. Mein Bauch sagte: »Nein, ich will nicht ins Büro.« Mein Kopf hielt dagegen: »Klar gehst du da hin. Du hast wochenlang wie eine Verrückte auf diese Präsentation hingearbeitet. Heute zu Hause zu bleiben wäre Selbstmord für deine Karriere.«

»Ich bleibe heute zu Hause«, sagte ich, immer noch mit geschlossenen Augen.

»Machst du Witze?« Martin sah mich ungläubig an. »Ich denke, du hast ein sehr wichtiges Meeting.«

»Ja, aber ich habe auch Migräne. Und deshalb rufe ich jetzt Richard an und bitte ihn, mich zu vertreten.«

»Und die Kinder?«

»Die bringst du heute bitte weg.«

»Aber dann komme ich zu spät!«

»Martin, ich bin schon x-mal zu spät gekommen, weil eins der Kinder krank war und ich noch schnell eine Betreuung organisieren oder ganz zu Hause bleiben musste. Dein Chef wird das schon verstehen. Mein Chef muss es auch.«

Ich gab Martin einen Kuss auf die Wange, ging ins Schlafzimmer und ließ die Rollos runter.

Als ich am nächsten Morgen aufstand, fühlte ich mich so frisch und energiegeladen wie schon lange nicht mehr. Ich hatte tags zuvor bis nachmittags geschlafen, mir dann einen starken Kaffee aufgebrüht und mich anschließend mit einer kühlen Kompresse auf der Stirn wieder hingelegt. Den Haushalt hatte ich links liegen lassen, die Kinder bei ihren Freunden untergebracht. Abends hatte Martin das Ruder übernommen und mir Essen ans Bett gebracht.

Auf dem Weg zur Arbeit überkam mich ein mulmiges Gefühl. War es wirklich richtig gewesen, auf meine Bedürfnisse zu hören? Ich hatte noch nie bei einem so wichtigen Termin gefehlt.

Schon auf dem Flur fing mich mein Chef ab. »Guten Morgen, kommen Sie doch bitte mal mit«, sagte er und ging voraus in sein Büro.

»Mist«, dachte ich und bekam weiche Knie.

»Bitte setzen Sie sich doch.« Er wies auf den schwarzen Ledersessel seinem Schreibtisch gegenüber. »Wie geht es Ihnen, alles wieder in Ordnung?« Er sah mich besorgt an. »Meine Mutter hatte auch Migräne. Oft lag sie tagelang im abgedunkelten Schlafzimmer, weil es ihr so elend ging.«

Ich war überrascht. Mein Chef war ein freundlicher, fairer Mensch, aber mit dieser Reaktion hatte ich dennoch nicht gerechnet. »Nett, dass Sie fragen. Heute gibt es zum Glück spezielle Migränetabletten, mit denen sich ein Anfall meist innerhalb eines Tages in den Griff kriegen lässt«, antwortete ich.

Er nickte und räusperte sich. »Der Vorstand hat gestern in allen wichtigen Punkten zugestimmt.« Er erhob sich und gab mir die Hand. »Gute Arbeit!«

Den Rest des Tages hatte ich das Gefühl zu schweben. Und arbeitete – ausgeschlafen und hoch motiviert – so effektiv wie schon lange nicht mehr.

Auch in den nächsten Tagen gab es immer wieder Situationen, in denen mir die erste Frage des Lebens und mein innerer Kompass zu guten Entscheidungen verhalfen. Je häufiger ich in mich hineinhorchte, umso schneller und klarer kamen die Antworten. Und so wuchs auch der Wunsch, die alte Dame wiederzusehen.

VON RUCKSÄCKEN UND SCHUTZSCHILDEN

Vor Aufregung schlug mein Herz heftig gegen meinen Brustkorb. Das Laub raschelte unter meinen schnellen Schritten und ließ hier und da ein paar erschreckte Vögel aufflattern. Ob ich sie wieder treffen würde? Die Sonne war bereits ein feuerroter Ball am Horizont und würde schon gleich untergehen.

Martin war überrascht gewesen, als ich mir direkt nach dem Abendessen meine Jacke geschnappt und verkündet hatte, dass ich noch einmal loswolle. »Ein bisschen spazieren gehen, um mir den Kopf freipusten zu lassen«, hatte ich gemurmelt und ihm und den Kindern einen Kuss gegeben.

»Bitte bring du die zwei ins Bett und warte nicht auf mich«, hatte ich Martin aus dem Flur zugerufen, bevor ich die Haustür hinter mir schloss.

Ich wusste selbst nicht, warum ich ihm nicht alles erzählt hatte. Irgendwie hatte ich das Gefühl gehabt, all das erst einmal mit mir selbst ausmachen zu wollen.

Noch eine Biegung, dann hatte ich die Lichtung endlich erreicht. Früher, wenn mir als kleines Mädchen etwas auf der Seele gelegen hatte, war ich oft auf mein Fahrrad gesprungen und kreuz und quer durch die Gegend gefahren. Bis ich diese Lichtung entdeckt hatte. Von da an war sie mein geheimer Zufluchtsort gewesen. Damals war ich außerdem fest davon überzeugt gewesen, dass die rauschenden Bäume über meinem Kopf eine geheime Zaubersprache sprachen. Ich hatte mich unter die alte Eiche gesetzt, die Augen geschlossen und dem Wispern der Blätter gelauscht. Auch wenn es mir nie gelungen war, ihre Worte zu entschlüsseln, so fühlte ich mich hinterher doch getröstet.

Nun war die Lichtung in ein warmes, rötliches Licht getaucht. Der Wind, der deutlich kühler war als beim letzten Mal, erinnerte mich wieder daran, dass es Herbst war. Ein zierliches Eichhörnchen huschte wenige Meter vor mir über die Wiese, um dann mit wenigen Sprüngen die mächtige Eiche zu erklimmen. Unter ihr, auf der Bank, saß die alte Frau. Erleichtert atmete ich auf. Ihr graues Haar trug sie heute offen: wilde Locken, die ihr schmales Gesicht umrahmten und mich an meine eigenen erinnerten.

»Da sind Sie ja«, sagte sie, so, als ob sie mich bereits erwartet hätte. »Und, wie ist es Ihnen ergangen?«

»Erstaunlich gut«, antwortete ich und setzte mich neben sie.

»Na, dann erzählen Sie doch mal!«

Während ich ihr berichtete, welche Entscheidungen ich mithilfe der ersten Frage des Lebens und meines inneren Kompasses getroffen hatte, nickte sie immer wieder zustimmend mit dem Kopf.

»Und, wie fühlen Sie sich jetzt?«. Fragend hob sie die rechte Augenbraue.

Ich musste kurz innehalten, um nach den richtigen Worten zu suchen. »Freier, weniger fremdbestimmt. Und …«

»Ja?«

»Und ich habe wieder mehr Energie.«

»Wunderbar«, sagte sie und lächelte verschmitzt.

»Ich habe viel darüber nachgedacht, warum es mir jetzt besser geht. Denn als ich zu Anja Ja gesagt habe, obwohl ich gar keinen Kuchen backen wollte, habe ich mich zunächst ganz leer und kraftlos gefühlt.«

»Und zu welchem Schluss sind Sie gekommen?«

»Also …«, setzte ich an, hielt dann aber noch mal kurz inne. Sollte ich das wirklich erzählen? Oder war es vielleicht doch zu albern? Schnell wägte ich noch einmal ab. Dann bückte ich mich, hob einen kleinen runden Kieselstein vom Boden auf und sprach weiter. »Ich stelle mir das so vor: Jedes Mal, wenn wir Ja sagen, obwohl wir eigentlich Nein meinen, ist es, als würden wir einen Stein«, ich hielt den Kiesel hoch, »so wie diesen hier, in einen Rucksack stecken, den wir dann wieder auf den Rücken setzen. Anfangs spüren wir ihn noch nicht. Doch im Laufe der Jahre, immer wenn wir uns und unsere Bedürfnisse verleugnen, wird er schwerer. Bis wir ihn irgendwann kaum noch tragen können, weil jeder neue Stein einfach zu viel ist. Nachdem ich zu Anja Ja gesagt hatte, habe ich die volle Last des Rucksacks gespürt. Als mir dann die Idee kam, den Kuchen zu kaufen, war es so, als hätte ich ihn für einen kurzen Moment abgelegt. Und ich glaube, je mehr ich auf meinen inneren Kompass höre, desto leichter wird er wieder werden.«

»Wow! Das klingt toll!« Die alte Dame klatschte begeistert in die Hände.

»Danke«, sagte ich und blickte verlegen auf meine Fußspitzen. Normalerweise bin ich kein besonders philosophischer Typ. Doch tags zuvor war mir morgens beim Duschen dieses Bild plötzlich in den Sinn gekommen.

»Mir ist da übrigens noch etwas aufgefallen …«, fügte ich nach einem kurzen Moment des Schweigens hinzu.

»Ja?«

»Ich habe mich gefragt, warum ich in meinem Leben bisher so oft Ja gesagt habe, wenn ich eigentlich Nein meinte. Es war nicht immer so, dass ich die Entscheidung für objektiv richtig hielt. Da war noch etwas anderes …«

»Was denn?« Die alte Dame sah mich neugierig an.

»Als Anja mich bat, einen Kuchen zu backen, hat mich mal wieder mein schlechtes Gewissen geplagt ...«

»Was hat es gesagt?«

»›Reiß dich zusammen, andere backen Kuchen mit links. Also stell dich nicht so an!‹ Ich höre es ständig: ›Sei nicht so faul, gib dir mehr Mühe, das kannst du noch besser ...‹ «

»Das kenne ich gut«, sagte die alte Dame und nickte verständnisvoll. »Es ist aber nicht Ihr Gewissen, was da zu Ihnen spricht.«

»Nicht?«, fragte ich irritiert. »Was denn dann?«

»Sie müssen sich das so vorstellen: In uns gibt es zwei Gegenspieler: den inneren Kompass und die inneren Antreiber. Der innere Kompass ist unsere eigene intuitive Stimme, die uns lenkt und die weiß, was gut für uns ist. Die inneren Antreiber sind Sätze, die wir schon tausendmal im Leben gehört haben und die wir deshalb inzwischen für wahr halten. Sätze, die Eltern, Lehrer, Nachbarn, vielleicht auch Freunde zu uns gesagt haben. Zum Beispiel: ›Immer bist du so langsam!‹, ›Nie gibst du dir Mühe!‹, ›Musst du mich immer so ärgern?‹, ›Wenn du weiter so frech bist, hab ich dich nicht mehr lieb!‹ Diese Sätze haben uns tief verletzt. Deshalb haben wir uns immer und immer wieder gesagt: ›Ich muss schnell sein‹, ›Ich muss alles perfekt machen‹, ›Ich muss brav sein, damit ich geliebt werde‹. So oft, dass sich diese Glaubenssätze tief in uns verankert haben. Und oft viel lauter sind als unser innerer Kompass.«

»Die Stimme ist also gar nicht meine eigene, sondern die der Menschen, die mich als Kind geprägt haben.«

Die alte Dame nickte. »Ja, genau so ist es.«

»Aber wenn ich meinem inneren Kompass folge und nur noch das tue, was ich wirklich will, ist das doch tatsächlich egoistisch.«

Sie stand auf. »Wie wär's, wollen wir ein Stück gemeinsam gehen? Manchmal ordnen sich die Gedanken beim Laufen besser.«

»Gerne.«

Wir gingen den kleinen Pfad entlang, der noch tiefer in den Wald hineinführte.

»Warum haben Sie beschlossen, einen Kuchen zu kaufen? Weil Sie immer den bequemsten Weg gehen?«

»Nein, natürlich nicht.«

»Warum dann?

»Weil ich vor lauter Arbeit nicht mehr wusste, wo mir der Kopf stand. Ich habe gespürt, dass mir einfach alles zu viel wurde und ich mir nicht noch eine weitere Verpflichtung aufbürden sollte. Und weil ich nicht gerne Kuchen backe …«

»Finden Sie das egoistisch?«

»Eigentlich nicht.«

»Wie finden Sie es denn dann?«

Ich zögerte. »Vernünftig?«

»Was meinen Sie, warum hat Ihr innerer Kompass Nein gesagt? Was wollte er damit bewirken?«

Ich dachte nach, doch mir fiel keine Antwort ein. »Ich weiß es nicht.«

Die alte Dame blieb stehen, sah sich suchend um. Dann ging sie zum Wegesrand, bückte sich, nahm ein großes, längliches Stück Baumrinde und hielt es mit beiden Händen vor ihren Brustkorb. »Stellen Sie sich den inneren Kompass einfach als Schutzschild vor. Er beschützt uns, indem er dafür sorgt, dass wir auf uns achten und nicht über unsere Grenzen gehen.«

»Mhm.« Schweigend ging ich ein paar Schritte weiter und versuchte, diese Erkenntnisse zu sortieren. Das rote Abendlicht war inzwischen einem tiefen Blau gewichen. Am Himmel leuchtete ein erster Stern. Die alte Dame folgte mir mit etwas Abstand. »Ich glaube, jetzt verstehe ich auch die Sache mit meiner Freundin Sabine besser«, sagte ich ein paar Minuten später.

»Welche Sache?« Ihre wachen braunen Augen sahen mich neugierig an.

»Sabine und ich wollten nächstes Wochenende zusammen verreisen. Doch je näher der Termin rückt, desto deutlicher spüre ich, dass ich das nicht möchte.«

»Oh.« Überrascht hob sie die rechte Augenbraue. »So ein gemeinsamer Ausflug mit einer Freundin ist doch eine schöne Sache. Was spricht dagegen?«

»Bine und ich kennen uns seit dem Studium. Damals waren wir beide Singles und hatten sehr viel Spaß miteinander. Aber seitdem hat sich vieles verändert.«

»Was genau?«

»Mein Leben ist viel anstrengender geworden.«

Wieder hob die alte Dame eine Braue.

»Mein Alltag ist so vollgepackt. Ständig hetze ich von einem Termin zum nächsten und versuche, es allen recht zu machen. Zu Hause und in der Firma. Da ist kaum mal ein Moment für mich, in dem ich vollkommen ich selbst sein und meinen eigenen Bedürfnissen nachgehen kann.«

Sie blieb stehen und sah mich an. »Da müsste doch ein Wochenende mit einer Freundin eine willkommene Abwechslung sein?«

»Genau das ist es ja, was ich bis eben nicht verstanden habe. Doch jetzt glaube ich, dass mich mein innerer Kompass schützen will.«

»Wovor schützen?«

»Vor den Treffen mit Bine, weil diese mir nicht mehr guttun.«

»Wie laufen diese Treffen denn ab?«

»Bine – sie ist Single und hat keine Familie – möchte unbedingt auf die Piste, so wie früher. Trinken, tanzen, flirten, bis in die frühen Morgenstunden.«

»Und was wollen Sie?«

»Ich sehne mich nach nichts mehr als nach Ruhe und Schlaf. Ich würde gerne Wellness machen, gemeinsam lecker essen, ein bisschen reden und dann zeitig ins Bett gehen. Aber wenn ich das nur andeute, ist Bine sofort beleidigt. Sie macht mir sowieso schon ständig Vorwürfe, ich sei so langweilig und spießig geworden. Auch wenn ich keinen Wein mittrinken will, ist sie verärgert.«

»Das klingt anstrengend.«

»Ist es auch.« Plötzlich spürte ich Wut in mir aufsteigen. »Und sie spricht immer nur über sich. Manchmal habe ich das Gefühl, sie weiß überhaupt nichts mehr über mein Leben.«

»Geben Ihnen diese Wochenenden auf irgendeine Art und Weise Kraft?«

»Nein, im Gegenteil. Wenn ich jetzt so darüber nachdenke, wird mir erst richtig klar, dass ich danach tagelang brauche, um meine Akkus wieder vollzuladen.«

»Na, dann scheint Ihre Freundin Bine ja ein echter Beziehungsvampir zu sein.«

»Ein, bitte was?«

Die alte Dame blieb stehen, sah sich wieder um und sammelte dann ein paar Stöckchen auf. »Stellen Sie sich

vor, Ihre Freundschaft wäre eine alte, klassische Waage. Solch eine, wie Justitia, die Göttin der Gerechtigkeit, sie in den Händen hält. Wie sollte diese dann aussehen?«

Sie reichte mir die Stöcke.

»Wie jetzt?«, fragte ich überrascht.

»Zeigen Sie mir die Waage.«

Ich dachte kurz nach, dann ging ich in die Hocke und legte einen langen Stock vertikal auf den erdigen Waldboden. Horizontal oben darüber platzierte ich einen anderen Stock. Links und rechts an dessen Enden kamen zwei kürzere Stöckchen, die nach unten reichten. Einer von ihnen war etwas länger. Ich brach ein Stück ab, sodass beide ungefähr gleich lang waren. Dann sammelte ich zwei Blätter vom Boden auf. Diese legte ich unter die kurzen Stöcke als Waagschale. Schließlich richtete ich mich auf und sah die alte Dame an.

»Ich denke, eine gute Freundschaft sollte so aussehen«, sagte ich und zeigte auf meine Stöckchen-Waage. »Sicherlich werden die Waagschalen immer mal wieder nach oben und unten schwanken, weil mal der eine, mal der andere mehr Last darauf ablegt. Aber insgesamt sollte die Waage möglichst ausgeglichen sein.«

»Und ist das bei Sabine und Ihnen der Fall?«

»Nein, sie raubt mir Kraft. Meinten Sie das eben, als Sie vom Beziehungsvampir sprachen?«

»Ich sehe, unser kleiner Spaziergang hat Sie ein bisschen vorangebracht.« Sie zwinkerte mir zu. Dann wandte sie sich um. »Lassen Sie uns zurückgehen.«

Ich folgte ihr. Der fahle Halbmond spendete nur spärliches Licht, sodass sich die Konturen des Waldbodens immer mehr vor meinen Augen verwischten.

»Was, glauben Sie, würde passieren, wenn Sie ganz offen mit Ihrer Freundin über Ihre Gedanken und Gefühle sprächen?«

»Sie würde mir die Freundschaft kündigen«, antwortete ich prompt.

»Und, wäre das ein großer Verlust?«

Ich dachte daran, wie anstrengend die letzten Treffen mit Bine gewesen waren. Ihre endlosen Monologe über sich und ihr Leben, ihre Vorwürfe, ich hätte zu wenig Zeit, würde mich nicht oft genug melden. Ihre Sticheleien, ich sei eine langweilige »Mutti« geworden. Würde ich sie vermissen, wenn sie nicht mehr da wäre?

»Nein«, sagte ich, überrascht über diese Erkenntnis.

»Was könnte noch passieren?«

»Wie meinen Sie das?«

»Na ja, gäbe es nicht noch die Möglichkeit, dass Bine Sie versteht?«

Wieder dachte ich nach. »Nun, ich denke zwar, das wäre höchst unwahrscheinlich, aber vielleicht würde Bine mir auch zuhören und versuchen, meinen Standpunkt nachzuvollziehen. Und vielleicht wäre sie bereit, etwas zu verändern, wenn sie wüsste, dass unsere Freundschaft auf dem Spiel steht.« Ich sah, wie ein Lächeln über das Gesicht der alten Dame huschte.

Ich konnte es kaum fassen: Warum hatte ich das alles früher nicht selbst gesehen? Ohne die erste Frage des Lebens hätte ich noch nicht einmal erkannt, dass ich die Wochenenden mit Bine gar nicht mehr wollte.

Schweigend liefen wir weiter. Der Weg war inzwischen so dunkel, dass ich behutsam einen Fuß vor den anderen setzen musste. Der alten Dame schien die Dunkelheit weniger auszumachen. Geschmeidig wie eine Katze lief sie voran.

»Das mit Bine leuchtet mir alles ein«, sagte ich nach einer Weile. »Und ich denke, es ist okay, wenn ich ganz ehrlich mit ihr spreche, egal, was am Ende dabei herauskommt.«

»Aber?«

»Es gibt viele Situationen, die nicht so eindeutig sind. In denen ich Angst hätte, eine Entscheidung zu treffen, die ich hinterher vielleicht bereuen würde.«

»Das kenne ich«, pflichtete die alte Dame mir bei.

»Das ging mir früher auch oft so. Aber zum Glück ist das Leben keine Einbahnstraße. Wenn wir Entscheidungen treffen, die sich nicht gut anfühlen, sind diese nicht unumstößlich. Wir haben immer noch die Chance nachzujustieren.«

»Im Fall mit dem Kuchen gebe ich Ihnen recht. Da war es einfach, eine neue Lösung zu finden. Aber es gibt doch auch Entscheidungen, die sich nicht mehr rückgängig machen lassen.«

»An was denken Sie?«

Ich musste kurz überlegen. »Angenommen, eine Frau trennt sich von ihrem Partner und merkt ein paar Wochen später, dass es ein Fehler war und dass sie ihn zurückhaben will. Doch es geht nicht mehr, weil er nicht mehr möchte.«

»Okay, verstehe«, sagte die alte Dame und nickte. »Manchmal können wir den ursprünglichen Zustand nicht wiederherstellen. Aber wir haben immer noch die Chance, mit Hilfe des inneren Kompasses eine andere Lösung zu finden, die sich gut anfühlt.«

»Und wie soll diese Lösung konkret aussehen, wenn die Frau ihren Partner zurückwill, der aber schon eine neue Liebe gefunden hat?«

»Was denken Sie? Warum hat sich die Frau überhaupt getrennt?«

»Mhm«, brummte ich und sah nach oben. Inzwischen waren noch mehr Sterne zu sehen. »Weil sie nicht mehr glücklich war. Zum Beispiel, weil ihr Partner ihr kaum noch Aufmerksamkeit geschenkt hat. Vielleicht wollte sie wieder mehr gesehen werden. Wertschätzung erfahren. Seine Liebe spüren.«

»Und wer sagt, dass sie das von ihm bekommen würde, wenn sie wieder zusammenkämen?«

Das Argument war nicht schlecht. Dennoch wollte ich nicht so schnell aufgeben.

»Okay, nehmen wir mal an, sie weiß, dass auch sie Fehler gemacht hat. Und sie ist sich sicher, dass sie beide wieder glücklich werden könnten. Dann war ihre Entscheidung, sich zu trennen, doch falsch.«

»Warum?«

»Weil es kein Zurück mehr gibt.«

»Ja, sie hat eine Tür hinter sich zugeschlagen, die sich nicht mehr öffnen lässt. Aber meinen Sie wirklich, dass das ein Fehler war? Wenn ihr Partner so schnell eine Neue gefunden hat, ist das dann nicht eher ein Zeichen dafür, dass die beiden nicht zusammengehörten?«

Auch da konnte ich nicht widersprechen.

»Wie könnte die Frau wieder glücklich werden?«

»Mit einem neuen Partner.«

Sie nickte. »Das wäre eine Möglichkeit.«

»Aber«, versuchte ich noch einmal zu widersprechen, »was ist, wenn der Mann, von dem sie sich getrennt hat, ihre große Liebe war? Und sie nur mit ihm glücklich werden kann?«

»Wenn sie so denkt, ist das ein Zeichen dafür, dass sie den Zugang zu ihrem inneren Kompass verloren hat. Das passiert vielen Menschen, wenn sie großen Kummer haben, und manchmal braucht es viel Zeit, um ihn wiederzufinden. Wer seinen inneren Kompass jedoch spürt, der spürt auch, dass unser Glück – egal, wie groß der erlittene Verlust auch sein mag – nicht von anderen Menschen abhängt, da wir es nur in uns selbst finden können.«

Ich wusste nicht, ob ich das so unterstreichen konnte. Wenn überhaupt, konnte ich mir vorstellen, ohne Martin glücklich zu sein. Aber nicht ohne meine Kinder. Nachdenklich lief ich neben der alten Dame her.

»Es ist spät«, sagte sie kurz darauf und riss mich damit jäh aus meinen Gedanken. Ich war so vertieft gewesen, dass ich nicht bemerkt hatte, dass wir die Lichtung fast wieder erreicht hatten.

»Ich muss jetzt leider gehen.« Abrupt drehte sie sich um.

»Moment noch! Warten Sie!«, wandte ich hektisch ein. »Verraten Sie mir noch die restlichen Fragen?«

»Ich kann Ihnen immer nur eine offenbaren«, sagte sie, während sie sich bereits von mir entfernte.

»Warum?«

»Weil sie sonst nicht richtig wirken.«

»Schon wieder so eine verrückte Formulierung«, dachte ich bei mir. Zu der alten Dame gewandt sagte ich: »Eine weitere dürften Sie mir also heute noch verraten, oder?«

»Ja, sehr gerne.« Einmal noch drehte sie sich zu mir um. Im schwachen Mondlicht konnte ich ihre Gesichtszüge nur erahnen. »Sie lautet: ›Wie wichtig ist das wirklich?‹«, sagte sie und wandte sich wieder ab. Wenige Sekunden später hatte die Dunkelheit ihre schlanke Gestalt komplett verschluckt.

GEFÜHL TRIFFT MATHEMATIK

Keuchend rannte ich durch den Regen, meine Sporttasche fest unter den rechten, die Gymnastikmatte unter den linken Arm geklemmt. Noch durch die Glastür, dann hatte ich es geschafft. Mein Puls hämmerte im Hals. Mit schnellen, langen Schritten bog ich um die Ecke. Und blieb abrupt stehen. Die graue Tür, die sonst immer offen stand, war verschlossen. »Das kann doch nicht wahr sein«, dachte ich fassungslos und sah auf meine Uhr. Hatte ich mich etwa in der Zeit vertan?

Seit Wochen hatte ich mich endlich mal wieder zum Pilates aufgerafft. Doch von Anfang an hatte alles unter keinem guten Stern gestanden. Ich war viel zu spät von zu Hause weggekommen, weil sich mein Kleiner schluchzend an mein Bein geklammert hatte. Kurz hatte ich noch überlegt, das Training sein zu lassen. Doch dann hatte die Vernunft gesiegt, weil ich mich dringend mal wieder bewegen musste. Viel zu schnell war ich durch die Ortschaft gerast und natürlich prompt geblitzt worden. Vor der Sporthalle musste ich mehrmals um den Block kreisen, bis ich endlich eine viel zu kleine Parklücke fand, in die ich mich, unter Aufwendung all meiner Fahrkünste, hineinquetschte, um dann wie eine Verrückte zur Sporthalle zu rennen. Und jetzt das.

Am liebsten hätte ich mich laut schreiend gegen die geschlossene Tür geworfen. Stattdessen ging ich in die Hocke, setzte meine Sporttasche auf den Boden und kramte mein Handy heraus. Dann sah ich es: »Sorry, ihr Lieben, nächste Woche fällt Pilates aus«, hatte Karin, unsere Trainerin, vor ein paar Tagen in die Gruppe geschrieben. »Die Stunde hängen wir natürlich am Ende des Kurses wieder dran.« Plötzlich dämmerte es mir. Ich erinnerte mich daran, wie ich mit meinen Kindern Sandpizza auf dem Spielplatz gebacken hatte. Gerade als mir meine Große eine mit Gras garnierte Pizza Margherita servieren wollte, hatte mein Handy gepiepst. Nach einem flüchtigen Blick auf die Nachricht hatte ich ihren Inhalt sofort wieder vergessen.

»Mist!«, fluchte ich. »Wie wichtig ist das wirklich?«, hallte plötzlich die Stimme der alten Dame durch meinen Kopf. Nach unserem Gespräch im Wald am Abend zuvor war ich noch zu sehr mit den neuen Erkenntnissen im Zusammenhang mit der ersten Frage beschäftigt gewesen, sodass ich noch keine Zeit gefunden hatte, um über die zweite nachzudenken. War das nun einer der Momente, in denen ich sie »anwenden« sollte?

Ich setzte mich auf den Boden, schlang meine Arme

um die Knie und atmete tief durch. Mein Herz galoppierte immer noch wild.

Dann schloss ich die Augen und fragte mich: »Wie wichtig ist das Ganze hier eigentlich wirklich?«

Knapp zwei Wochen später, ich befand mich wieder auf der Lichtung, folgte mein Blick einer V-Formation laut schnatternder Wildgänse, die sich schwarz vom wolkenverhangenen Himmel abhob. Da es über Nacht geregnet hatte, setzte ich mich nicht auf die nasse Bank.

Ich sah auf die Uhr. Spätestens in einer halben Stunde musste ich Sarah, unsere Babysitterin, ablösen, die noch für eine Uniprüfung lernen wollte. Wie sehr hatte ich gehofft, die alte Dame wiederzutreffen, doch weit und breit war niemand zu sehen. Irgendein Teil in mir hatte ganz fest daran geglaubt, dass sie auch an diesem Tag da sein würde. »Ganz schön naiv«, schalt ich mich und wandte mich zum Gehen. Doch plötzlich vernahm ich ein leises Knacken im Unterholz und kurz darauf sah ich sie zwischen den bunt gefärbten Herbstbäumen auftauchen.

Mit federnden Schritten kam sie auf mich zu. Wäre da nicht ihr schlohweißes Haar gewesen, hätte man sie aus der Ferne auch für ein junges Mädchen halten kön-

nen, so schnell und dynamisch bewegte sie sich vorwärts.

»Schön, Sie zu sehen!«, rief sie und winkte mir zu. Sie trug einen beigen Trenchcoat mit breitem Gürtel und darunter eine enge schwarze Stoffhose. Ihr Haar hatte sie, wie bei unserer ersten Begegnung, streng nach hinten frisiert.

»Ich hatte schon Angst, dass Sie heute nicht kommen«, rief ich und winkte zurück.

»So?«, fragte sie, als sie vor mir stand. Sie wirkte ein wenig überrascht, aber erfreut.

»Nun ja.« Ich lächelte sie an. »Ich merke, wie gut mir unsere Gespräche tun.«

»Das freut mich.« Sie erwiderte mein Lächeln.

»Ich würde mich sehr gerne gleich schon für ein weiteres Treffen mit Ihnen verabreden«, sagte ich, weil ich hoffte, dass sie mir heute noch die dritte Frage verraten würde und unsere nächste Begegnung nicht wieder dem Zufall überlassen wollte. »Wäre das möglich?«

Die alte Dame sah auf den Boden und schien über mein Anliegen nachzudenken. Dann hob sie den Blick. »Wissen Sie«, sagte sie, während sie mich mit ihren warmen braunen Augen ansah, »ich bin oft hier auf dieser Lichtung. Wenn es der richtige Zeitpunkt ist, werden wir uns sehen …«

Ich schluckte. Damit hatte ich nicht gerechnet.

Sie schien meine Enttäuschung zu spüren, denn sie

schlug einen aufmunternden Ton an. »Was meinen Sie, wollen wir wieder ein Stück gehen? Die Luft ist heute so herrlich frisch.«

Ich nickte.

Sie ging ein kleines Stück voraus, nahm diesmal aber nicht den schmalen Weg, den wir beim letzten Mal gegangen waren, sondern wählte den kleinen Trampelpfad, von dem sie gekommen war. Früher, als Kind, war ich oft dort entlanggestreift. Ich erinnerte mich daran, dass er zu einer alten Streuobstwiese führte, die schon lange nicht mehr bewirtschaftet wurde. Wie sehr hatte ich es geliebt, auf die alten Bäume zu klettern und von ihrer Krone aus die Wolken zu beobachten, vor allem im Herbst, wenn die saftigen Pflaumen und sauren Boskopäpfel reif waren, die ich dabei aß.

»Wann sie wohl nachfragt?«, ging es mir durch den Kopf, während ich ihr, immer noch mit etwas Abstand, folgte.

Die Büsche, Bäume und Dornenhecken entlang des Trampelpfads wuchsen dicht an dicht und bildeten einen kleinen Tunnel. Alles wirkte so unberührt und verwunschen wie in einem Märchen.

Irgendwann hielt ich es nicht mehr aus. »Ich habe über die zweite Frage nachgedacht«, platzte es aus mir heraus, »hatte aber Schwierigkeiten, sie anzuwenden.«

Die alte Frau blieb stehen und sah mich fragend an.

»Deshalb habe ich sie weiterentwickelt«, fügte ich

hinzu, ohne meinen Stolz dabei ganz verbergen zu können. Im selben Moment fiel mir auf, dass auch ich inzwischen merkwürdige Formulierungen verwendete, und musste grinsen.

»Ach ja?« Die Augen der alten Dame weiteten sich interessiert.

»Die Idee dazu kam mir, als Martin die Absage einer Firma erhielt.«

»Was für eine Absage?«

»Martin arbeitet in einem mittelständischen Betrieb und wollte sich wegbewerben.«

»Warum?«

»Weil es in seiner jetzigen Firma keine Aufstiegsmöglichkeiten für ihn gibt.«

»Was für eine Position hat er denn dort?«

»Er leitet eine kleine Abteilung mit sechs Mitarbeitern. In absehbarer Zeit wird dort voraussichtlich keine attraktive Stelle frei, die Fluktuation ist gering. Vor ein paar Monaten hat er dann ein tolles Stellenangebot entdeckt, das genau seinen Vorstellungen entsprach. Er hat sich beworben und wurde zu drei Gesprächsrunden eingeladen. Am Ende waren nur noch er und ein weiterer Mitbewerber im Rennen. Anfang letzter Woche kam dann die Absage.«

»Das war sicherlich nicht leicht für ihn.«

»Er war am Boden zerstört und ich mit ihm. Wir hatten so sehr gehofft, dass es klappen würde.«

»Und dann?«

»Dann habe ich mich gefragt: ›Wie wichtig ist das wirklich?‹ Aber ich konnte keine Antwort finden.«

»Warum nicht?«

»Weil mir die Bemessungsgrundlage fehlte«, sagte ich und musste schon wieder über meine Ausdrucksform schmunzeln.

»Das klingt nach Mathematik«, antwortete die alte Dame überrascht.

»Ja und nein.« Ich grinste.

»Jetzt machen Sie mich aber neugierig.«

»Ich benötigte eine Bemessungsgrundlage, aber auf emotionaler Ebene«, erklärte ich. »Stellen Sie sich einen Zahlenstrahl von 1 bis 100 vor. Ganz unten ist die 1, in der Mitte die 50 und oben die 100. Die 1 steht für ›nicht wichtig‹, die 100 für ›sehr wichtig‹. So weit die Mathematik. Jetzt kommt die Emotion ins Spiel. Ich habe mir überlegt, welches Gefühl für ›gar nicht wichtig‹ steht, also für die 1, und welches für ›sehr wichtig‹, also für die 100. Ich finde es zum Beispiel gar nicht schlimm, wenn sich meine Kinder beim Essen aus Versehen vollkleckern. Ein Fleck auf der Kleidung regt mich nicht auf, wäre also eine emotionale 1. Können Sie mir folgen?«

»Absolut.« Die alte Dame nickte.

»Dann habe ich mir überlegt, was das Schlimmste wäre, das ich mir überhaupt vorstellen kann. Ganz klar: Wenn meine Kinder oder Martin eine unheilbare Krankheit hätten. Das wäre eine Katastrophe, also eine emotionale 100 für mich«, erklärte ich weiter und strich mir eine Locke aus dem Gesicht, die mir vor die Augen gefallen war. »Ich habe mich dann noch mal gefragt: ›Wie wichtig ist es wirklich, dass Martin die andere Stelle nicht erhielt, wenn eine 1 ein Fleck und eine 100 eine unheilbare Krankheit ist?‹ Und plötzlich hatte ich eine Antwort.«

Die alte Frau hob fragend die Augenbrauen.

»Eine 60, wenn überhaupt.«

»Wie kamen Sie auf die Zahl 60?«

»Zunächst war es nur ein Gefühl, das ich nicht genauer beschreiben konnte. Doch je mehr ich darüber nachgedacht habe, desto klarer wurde mir, dass die Zahl durch eine Relativierung entstanden war.«

»Interessant!«, bemerkte die alte Dame und machte den obersten Knopf ihres Trenchcoats zu. Auch ich fröstelte und zog meinen Reißverschluss hoch.

»Mir ist immer mehr bewusst geworden, dass Martin und ich zu eindimensional gedacht haben«, fügte ich dann hinzu. »Wir haben uns in den letzten Jahren nur noch darauf versteift, dass er bei seinem jetzigen Arbeitgeber keine großartige Karriere mehr machen kann. Deshalb fühlte sich die Absage zunächst wie eine 100 an.«

»Und dann?«

»Nachdem ich mir die zweite Frage des Lebens gestellt hatte, habe ich verstanden, dass diese Nachricht noch lange keine Katastrophe ist. Denn wenn man mal davon absieht, dass es zurzeit keine Aufstiegschancen für Martin gibt, hat seine jetzige Firma auch viele positive Seiten.«

»Welche denn?«

»Er hat ein interessantes Aufgabengebiet, ein nettes, kompetentes Team und einen kurzen Anfahrtsweg. Außerdem verdient er ein gutes Gehalt, das unserer Familie finanzielle Sicherheit gibt. Na ja, manchmal knirscht es ein bisschen zwischen ihm und einem seiner Vorgesetzten, aber das hätte ihm in der neuen Firma auch passieren können. Nachdem ich all das abgewogen habe, wurde mir klar, dass die Absage höchstens eine 60 ist.«

Die alte Dame nickte anerkennend, dann ging sie schweigend weiter. Der Boden, der von dem Regen der letzten Nacht aufgeweicht war, wurde immer matschiger, und ich spürte, wie die Feuchtigkeit langsam durch das schwarze Leder meiner Stiefeletten drang. »Beim nächsten Mal muss ich mir festeres Schuhwerk anziehen«, dachte ich. Die alte Dame hatte besser vorgesorgt und trug robuste Schnürschuhe.

»Wissen Sie …«, sie blieb kurz stehen, »mir ist gerade ein altes Sprichwort in den Sinn gekommen, das sehr gut zu dem passt, was Sie gerade gesagt haben.«

»Ja?«, fragte ich neugierig und vergrub meine kalten Hände in den Jackentaschen.

»Wir denken selten an das, was wir haben, aber oft an das, was uns fehlt.«

Schweigend liefen wir weiter, und ich dachte über ihre Worte nach. Genau das war der Schlüssel. Wie oft ärgerte ich mich über unwichtige Kleinigkeiten, ohne in diesen Momenten zu sehen, dass das große Ganze stimmte: Ich war glücklich verheiratet, wohnte in einem schönen Haus, mein Mann und ich hatten gut bezahlte Berufe, die wir gerne ausübten, und wir hatten zwei wunderbare, gesunde Kinder. Was wollte man mehr? Und dennoch fühlten sich manche Tage wie eine Abfolge von Katastrophen an, nur weil ich völlig unwichtigen Dingen eine viel zu große Bedeutung beimaß und mich darüber ärgerte. Über die Supermarktschlange, an der es mal wieder nicht schnell genug vorwärtsging, den Regen an einem Tag, an dem wir einen Familienausflug geplant hatten, und, nicht zu vergessen, über die geplatzte Pilatesstunde. Verrückt, wenn man bedachte, wie viel emotionale Energie ich dafür verschwendete und wie schwer ich mir das Leben damit machte.

»Sie haben recht«, griff ich den Gesprächsfaden wieder auf. »Martin und ich hatten nur noch im Blick, was ihm die neue Firma bietet. Deshalb hat uns die Absage so sehr getroffen.«

»Sieht Ihr Mann das inzwischen auch so wie Sie?«

Das war mein Ass im Ärmel. »Mittlerweile schon.« Martin hatte sich am Abend der Absage frustriert zurückgezogen, und ich hatte ihn, weil ich wusste, dass er solche Dinge am liebsten mit sich ausmacht, erst einmal in Ruhe gelassen. Am nächsten Abend hatte ich die Kinder zeitig ins Bett gebracht und ihn gefragt, ob wir es uns mit einem Glas Wein auf dem Sofa gemütlich machen wollten. Martin war überrascht gewesen, weil ich auch abends meist beschäftigt war und unter der Woche fast nie Alkohol trank, hatte aber zugestimmt. Nach dem zweiten Glas hatte ich ihm dann ganz in Ruhe von meiner neuen Erkenntnis berichtet, allerdings ohne dabei meine Begegnungen mit der alten Frau zu erwähnen. Irgendetwas hielt mich immer noch davor zurück, ihm alles zu erzählen. War es die Sorge, er könnte die alte Frau für eine verrückte Spinnerin halten und alles ins Lächerliche ziehen? Zunächst war Martin skeptisch gewesen. Doch dann hatte er begriffen, dass man die Situation auch anders bewerten konnte.

»Wir haben beschlossen, dass mein Mann weiter nach Stellenangeboten sucht und seinen Fokus unterdessen auf das richtet, was in seiner jetzigen Firma gut läuft.«

»Wunderbar!« Ein Strahlen huschte über das Gesicht der alten Frau und ließ unzählige Lachfältchen um ihre Augen zum Vorschein kommen. Inzwischen hatte ein feiner Sprühregen eingesetzt und benetzte mein Gesicht. In der Stadt hätte ich sofort meinen Knirps gezückt, den ich für solche Zwecke immer in meiner Handtasche trug. Doch hier im Wald, neben der alten Frau, wäre ich mir damit mehr als albern vorgekommen. So ließ ich den Regen auf mein Gesicht rieseln und war überrascht, wie angenehm erfrischend sich die Wassertropfen auf meiner Haut anfühlten.

»Auch beim Stau hat mir meine Bewertungsskala wirklich weitergeholfen«, sagte ich.

»Beim Stau?«

»Ja, seit Jahren ärgere ich mich jeden Morgen über den Berufsverkehr und bin, wenn ich im Büro ankomme, vollkommen entnervt.«

»Welche Zahl würden Sie denn dem morgendlichen Stau geben?«

»Bis vor ein paar Tagen fühlte er sich wie eine glatte 80 an.«

»Und was hat sich seitdem verändert?«

»Meine Einstellung dazu. Ich versuche, das jetzt so

zu sehen: Ich sitze im warmen und trockenen Auto und komme ohne körperliche Anstrengung an mein Ziel. Verglichen mit einem langen Fußmarsch bei Regen und Sturm oder einer Busfahrt mit mehrmaligem Umsteigen, ist diese Fahrt reiner Luxus.«

»Da sagen Sie was.« Die alte Dame lachte. »Und wie fühlt sich der Stau seitdem an?«

»Wie eine 20, wenn überhaupt. Natürlich finde ich es nach wie vor blöd, dass mir jeden Tag mindestens 30 Minuten meiner Lebenszeit dadurch geraubt werden. Aber ich rege mich trotzdem viel weniger auf.«

Die alte Dame zwinkerte mir schelmisch zu. »Ich sehe da die Möglichkeit, dass diese ›Luxusfahrt‹ sogar noch eine 1 bis 5 werden könnte.«

»Sie meinen, ich soll meine Fahrt so gestalten, dass sie zu einem Vergnügen wird?«

»Ja, genau!« Die alte Dame nickte. Wir gingen weiter und ich dachte über ihre Worte nach. Der Weg vor uns wurde breiter, und man konnte die Streuobstwiese sehen. Die Äste der Apfelbäume waren voll mit roten Früchten und neigten sich unter ihrer Last.

»Ha!«, rief ich plötzlich aus »Bücher!«

»Wie bitte?« Die alte Dame blickte etwas verwirrt drein.

»Es gibt so viele Bücher, die ich in den letzten Jahren gerne gelesen hätte, für die ich aber nie genug Zeit hatte. Ich könnte mir diese Bücher als Hörbuch kaufen und jeden Morgen in Ruhe etwas davon anhören. Oder ich könnte endlich meine Spanischkenntnisse vertiefen.« Seit mein Kleiner geboren war, lag meine Spanisch-CD unberührt in der Schreibtischschublade und wurde von To-do-Liste zu To-do-Liste verschoben.

»Einen Versuch wäre es wert«, sagte die alte Dame und lächelte zufrieden. Dann pflückte sie sich einen nassen, rotbackigen Apfel und biss genussvoll hinein.

Ich sah auf die Uhr und zuckte erschrocken zusammen. »Mist«, dachte ich, denn ich war schon zehn Minuten zu spät.

»Tut mir leid, ich muss sofort los«, sagte ich nervös. »Können Sie mir bitte noch ganz schnell die dritte Frage verraten?«

»Leider nicht«, sagte die alte Frau bedauernd und biss wieder in den Apfel.

»Warum nicht?«

»Weil Sie dieser Frage selbst begegnen müssen.«

»Oh, nein«, dachte ich, »auch das noch!« Laut fragte ich: »Und wie soll das bitte gehen?«

Inzwischen waren aus den feinen Regentröpfchen dicke Fäden geworden, die auf uns hinabprasselten. Doch die alte Dame schien das nicht im Geringsten zu stören.

»Es ist ganz leicht«, erwiderte sie. »Achten Sie einfach darauf, was Ihnen als Nächstes in Ihrem Alltag auffällt. Dann findet sich die Frage wie von selbst.«

»Meinen Sie wirklich?«, fragte ich ungläubig.

»Ganz sicher.« Ihre Mundwinkel hoben sich, als wollten sie sagen: »Vertrau dir!«

»Okay«, antwortete ich, während ich spürte, wie meine Kleidung immer feuchter wurde. »Ich versuch's.« Dann rannte ich mit klatschnassen Haaren und einem großen Fragezeichen im Kopf zurück zu meinem Auto.

VIEL ZU VIEL VOM FALSCHEN

Am nächsten Morgen stand ich vor meinem Kleiderschrank und wusste nicht, was ich anziehen sollte. Aber nicht, weil ich zu wenig Auswahl hatte. Das Gegenteil war der Fall: Vor mir breiteten sich unzählige Blusen, Hosen und Shirts aus, die sich, farblich sortiert und ordentlich auf Bügel aufgehängt, präsentierten. Plötzlich spürte ich ein verdächtiges Ziehen in meinem Bauch.

Immer noch in Unterwäsche lief ich zu den Schränken der Kinder. Dort bot sich das gleiche Bild: Es stapelten sich Hosen, T-Shirts und Bodys, von denen einige noch nie getragen worden waren. Und diese würden wahrscheinlich auch komplett unbenutzt in die Kleidersammlung wandern, weil die Kinder inzwischen schon wieder rausgewachsen waren. Vor allem meine Große, die unbedingt selbst ihre Sachen aussuchen wollte und sich in dieser Hinsicht wenig kompromissbereit zeigte, griff immer wieder zu denselben Lieblingsstücken und ließ 90 Prozent des Schrankinhaltes links liegen.

Warum nur hatten wir so viel Kleidung, die wir eigentlich nicht brauchten, fragte ich mich. Und spürte sofort wieder das Ziehen, das nun noch stärker war. »Ist es wirklich so einfach?«, schoss es mir durch den Kopf. »Habe ich die dritte Frage tatsächlich schon gefunden? Und wenn ja, wie lautet sie dann genau?« Ein flüchtiger Blick auf die Uhr verriet mir, dass ich mich beeilen musste. Ich schloss die Schranktür und entschied, mich am Nachmittag weiter mit der dritten Frage des Lebens auseinanderzusetzen.

Einige Stunden später war der richtige Moment gekommen. Der Kleine schlief, nachdem ich ihn mit dem Kinderwagen über holperige Pflastersteine geschuckelt hatte, und die Große spielte bei einer Freundin.

Ich öffnete das kleine Regal über der Mikrowelle. Dort stapelten sich sage und schreibe sieben Schneidebrettchen. Zwei dicke und ein dünnes rechteckiges aus Holz, zwei viereckige aus Glas mit unterschiedlicher Größe und zwei dünne, gleich große aus elastischem Kunststoff. Tatsächlich benutzte ich nur die letzten beiden. Alle anderen hatte ich schon seit Jahren nicht mehr in der Hand gehabt. Auch der nächste Schrank sah nicht besser aus. Neun Töpfe, mit und ohne Beschichtung, eine Steakpfanne, eine Crêpepfanne, die ich noch nie verwendet hatte, und vier weitere Pfannen, von denen ich nur zwei regelmäßig in Gebrauch hatte. Egal welchen Schrank oder welche Schublade ich auch öffnete, alles war so voll, dass sich die Dinge stapelten

A
B
Zeug
DIES
&
DAS
S

und man an einiges gar nicht mehr richtig herankam. Und für jeden noch so erdenklichen Zweck war im Übermaß gesorgt. Drei Dosenöffner, zwei Knoblauchpressen, 30 Kuchengabeln und, und, und. Wieso, um Himmels willen, hatten wir so viel Zeug? Und was davon brauchten wir eigentlich wirklich?

Nach der Küche inspizierte ich die Wohnzimmerschränke. CDs in rauen Mengen, die kein Mensch mehr hörte, Unmengen von Teelichtern, die ich bei jedem IKEA-Einkauf mal schnell mitgenommen hatte, weil sie dort so günstig waren, ebenso Servietten. In der Vitrine verstaubten Teetassen, die ich von meiner Omi geerbt hatte, neben Sektgläsern, die es bei Habitat im Angebot gegeben hatte.

Nach ungefähr einer Stunde ließ ich mich erschöpft auf meinem Terrassenstuhl nieder. Ich war nur durch die untere Etage gestreift. Obergeschoss, Speicher und Keller hatte ich noch gar nicht in Augenschein genommen. Auch unsere Doppelgarage hatte ich mir erspart, in der kein Auto parken konnte, weil sie vollgestellt war mit Kinderwagen, Buggy, Bollerwagen, Dreirad, Laufrädern, mehreren Fahrrädern, zwei Rasenmähern, zwei Motorrädern, einem Faltboot, einem Schlauchboot und vielem mehr, von dem ich wahrscheinlich gar nicht wusste, dass wir es besaßen.

Es war einfach unglaublich, was sich in den letzten Jahren alles angesammelt hatte. Selbst der Blick in meinen Garten hatte nichts Erholsames. Der Rasen war voller Laub, das mit dem Rechen zusammengekehrt werden musste, und in den Beeten hatte das Unkraut mal wieder die Vorherrschaft gewonnen. Wie sehr hatten Martin und ich uns diesen großen, weitläufigen Garten gewünscht. Er sollte unsere Oase sein, ein Ort, an dem die Kinder spielen konnten, während wir uns – ausgestreckt auf dem Liegestuhl – von der anstrengenden Arbeitswoche erholten. Doch wie oft hatten wir das bisher getan? So gut wie nie. Stattdessen ackerten wir dort: Rasen mähen, Hecken schneiden, Unkraut jäten, Blumen pflanzen, Blumen gießen, Schädlinge bekämpfen. Ständig gab es etwas zu tun, und da wir nicht alles selbst schafften, hatten wir zusätzlich einen Gärtner engagiert. Ein leises Krähen riss mich aus meinen Gedanken, der Kleine war aufgewacht.

War es Ironie des Schicksals oder fiel es mir nur auf, weil ich mich an diesem Tag so intensiv mit unserem Konsumverhalten beschäftigt hatte? Als Martin am Abend heimkam, hatte er einen Karton unter dem Arm.

»Ich war eben noch mal schnell im Discounter«, erzählte er mir mit zufriedenem Lächeln, »und habe mir eine Bohrmaschine gekauft.«

»Hast du nicht schon zwei?«, fragte ich irritiert.

»Ja, schon. Aber das ist das neueste Modell eines Markenherstellers, und der Preis war einfach sensationell. Da musste ich zuschlagen. Außerdem habe ich dann schon mal Ersatz, falls eine der anderen den Geist aufgibt«, fügte er noch schnell hinzu, als er meinen skeptischen Blick bemerkte.

Wäre Martin ein begabter Handwerker, der viel im Haus selbst macht, hätte man die Frage »Brauchen wir diese Bohrmaschine wirklich?« vielleicht noch mit »Jein« beantworten können. Doch leider hat Martin zwei linke Hände und ruft bei allen größeren Reparaturen meinen Vater an, der dann seine Profibohrmaschine mitbringt.

»Echt witzig«, sagte ich, ohne mir den sarkastischen Unterton verkneifen zu können. »Ich denke schon den ganzen Tag übers Ausmisten nach, weil wir hier viel zu viel überflüssiges Zeug haben, das wir gar nicht brauchen, und du bringst die dritte Bohrmaschine mit nach Hause.«

Leise grummelnd trat Martin den Rückzug an und entschwand mit seiner neuen Errungenschaft durch die Küchentür. Ich wandte mich wieder dem Kleinen zu, der den unbeobachteten Moment genutzt hatte, um den Inhalt seines Möhrengläschens künstlerisch über den weißen Esstisch zu verteilen. »Schöne Bescherung«, seufzte ich und ging in die Küche, um einen Lappen zu holen. »Hier muss sich dringend etwas ändern«, sagte ich mir auf dem Weg dorthin.

»Ich glaube, die dritte Frage lautet: ›Was brauche ich wirklich?‹«, sagte ich eine Woche später zur alten Dame gewandt. Wir saßen wieder auf der Bank unter der Eiche, und die letzten Strahlen der Nachmittagssonne wärmten mein Gesicht. Heute war es noch einmal fast frühlingshaft warm, daher hatten wir unsere Jacken neben uns gelegt. Doch die ersten kahlen Äste der Bäume rings um uns herum und die vielen Eicheln unter unseren Füßen ließen keinen Zweifel daran aufkommen, dass der Herbst schon weit vorangeschritten war.

»Wie kommen Sie darauf?«, fragte sie mit neugierig gerunzelter Stirn.

»Nun, mir ist aufgefallen, dass wir zu Hause unzählige Dinge haben, die wir nicht wirklich brauchen.«

»Und?« Die alte Dame sah mich aufmerksam an.

»Leider ist mir noch nicht wirklich klar, wie mir diese Erkenntnis dabei helfen soll, mein Leben positiv zu verändern.«

Während mein Blick einer Meise folgte, die wenige Meter von meinen Füßen entfernt durchs Laub hüpfte, spürte ich, wie die Anspannung, die mich schon den ganzen Tag über begleitete, langsam von mir abfiel. Seit an diesem Morgen um sechs Uhr mein Wecker geklingelt hatte, war ich mal wieder ohne eine einzige Pause durch die Gegend gehetzt.

»Vielleicht hilft es ja, wenn wir wieder gemeinsam darüber nachdenken«, bot die alte Dame an und strich ihren langen schwarzen Rock glatt. »Warum haben Sie all diese Dinge denn überhaupt gekauft?«

»Weil wir sie brauchten … oder zumindest dachten, dass wir sie brauchen.«

»War das der einzige Grund?«, hakte sie nach.

»Na ja, manchmal haben wir auch zugeschlagen, weil es günstige Angebote waren«, sagte ich und dachte an Martin und seine Bohrmaschine sowie an die vielen Teelichter.

»Wie fühlt es sich denn an, wenn Sie etwas kaufen?«

Ich erinnerte mich an meinen letzten Großeinkauf. Ich hatte abends völlig übermüdet auf dem Sofa gesessen, um am Computer noch ein paar wichtige Überweisungen zu tätigen, als plötzlich eine E-Mail meines Lieblingsshops eintraf und mit einer 20-Prozent-Aktion warb. 30 Minuten später hatte ich auf »Warenkorb bezahlen« gedrückt und mich leicht und beschwingt gefühlt.

»Es fühlt sich gut an«, antwortete ich. »Ein bisschen so wie früher, wenn ich ein Stück Schokolade bekommen habe, weil ich besonders brav war. Wie eine Belohnung.«

»Verstehe. Ist ja auch schön, sich zu belohnen.«

»Schon«, sagte ich und schnappte mir eine Eichel, die auf dem Boden lag. »Aber bis eben war mir nicht einmal klar, dass ich das überhaupt tue. Ich glaube, die Dinge geben mir eine Art Kick, wenn ich mich müde und ausgebrannt fühle«, fügte ich nach einer kurzen Pause hinzu. »Sie sind quasi ein Ausgleich für meinen anstrengenden Alltag.«

»Das kenne ich«, sagte die alte Dame und grinste verschwörerisch. »Wenn Sie wüssten, wie meine Schränke früher aussahen …« Sie nahm einen Haargummi aus der Tasche und band ihre wilden Locken schnell und geschickt zu einem Zopf zusammen. »Wie lange hält der Kick denn an?«

Sofort fiel mir das sündhaft teure schwarze Kleid ein, das ich kürzlich in der Mittagspause im Schaufenster entdeckt hatte. Beim ersten Tragen hatte es mich in Hochstimmung versetzt, weil ich mir darin sehr attraktiv vorgekommen war. Doch schon beim dritten oder vierten Mal war das positive Gefühl verflogen.

»Nicht sehr lange.« Ich hob noch ein paar Eicheln auf, die sich angenehm glatt anfühlten. »Neulich war ich sogar richtig genervt, als ich heimkam und der Postbote ein Paket mit neuen Kleidungsstücken auf unserer Terrasse hinterlegt hatte. Schon das Anprobieren und vor allem das Zurücksenden der Sachen, die nicht passten, war mir lästig.«

»War das schon immer so?«

»Ich weiß nicht …«, sagte ich, hielt kurz inne und dachte darüber nach. Während ich das tat, ließ ich eine Eichel nach der anderen wieder zu Boden fallen. »Nein«, antwortete ich schließlich. »Ich kann mich noch gut daran erinnern, wie glücklich ich war, als ich mir den schicken roten Wintermantel im Outlet-Store gekauft habe. Damals war ich noch Studentin und hatte wenig Geld. Der Mantel war ein tolles Schnäppchen. Jedes Mal, wenn ich ihn anhatte, habe ich mich gefreut. Und das den ganzen Winter lang.«

»Haben Sie eine Idee, was heute anders sein könnte?«

Ich schüttelte den Kopf. »Ich weiß nur, dass der Kick heute viel schneller vorbei ist, so, als würde die Halbwertzeit immer kürzer werden.« Noch während ich den Satz aussprach, ergriff mich eine tiefe Traurigkeit, die ich nicht richtig zu deuten wusste. Ich spürte, wie mein Hals rau wurde.

»Ich würde gerne wieder ein bisschen spazieren gehen«, sagte ich und stand auf.

»Gerne«, antwortete die alte Dame und lächelte. Wie hübsch sie war, trotz ihrer Falten. Nicht im klassischen Sinne: Ihre Nase war ein bisschen zu breit, das Kinn, wenn man sie im Profil betrachtete, ein bisschen zu spitz. Und dennoch gefiel sie mir besser als all die anderen älteren Frauen, die versuchten, dem Zahn der Zeit mithilfe von Hyaluron und Botox ein Schnippchen zu schlagen. Gerade die Runzeln, die sich auf ihrer Stirn abzeichneten, wenn sie mich fragend ansah, oder die unzähligen Fältchen, die munter um ihre Augen tanzten, wenn sie lachte, machten sie so besonders. Als sei jedes einzelne von ihnen ein Zeichen ihres erfüllten Lebens.

Ich schlug den schmalen Pfad ein, den wir schon ein paarmal gelaufen waren. Die Sonne stand schräg am Himmel und tauchte das gelbe Blätterdach in goldenes Licht. Und auch die einzelnen Blätter, die wie kleine Fallschirme zu Boden trudelten, schimmerten golden. An manchen Stellen waren die Baumkronen bereits licht geworden, und man konnte den blauen, wolkenlosen Himmel über den Ästen sehen.

»Was meinen Sie?«, fragte sie nach einer Weile. »Wie lange sind Menschen glücklich, die einen Sechser im Lotto haben?«

Vor Kurzem hätte ich noch spontan »ein Leben lang« auf diese Frage geantwortet. Doch nun zögerte ich. Unser Gespräch rückte alles in ein anderes Licht.

»Ein, zwei Jahre?«, fragte ich unsicher. »So lange, bis der Kick vorbei ist und sich Reichtum und Luxus wie Normalität anfühlen?«

Die alte Dame nickte. »Nicht einmal ein Jahr, meist sind es nur ein paar Monate. Denn auch der nagelneue Ferrari in der Garage wird schnell langweilig. Nicht umsonst leben die glücklichsten Menschen auf der Welt in Finnland.«

»In Finnland?«, fragte ich überrascht. »Wieso gerade dort?«

»Raten Sie mal!«

»Mhm«, brummte ich und sah auf den Boden, der von einer dicken Blätterschicht bedeckt war, die jeden meiner Schritte mit einem Rascheln begleitete. Ab und zu vernahm ich auch das Knacken von Eicheln oder Ästen unter meinen Füßen. Was sollte bei den Finnen besser sein als bei uns Deutschen oder anderen Nationen, die im Wohlstand lebten? »Ich habe ehrlich gesagt keine Ahnung.«

»Da kommt man auch nicht drauf, so simpel ist es: Die Finnen sind viel draußen in der Natur, entspannen sich in der Sauna, treffen Freunde und schätzen Ruhe und Gemütlichkeit. Mehr ist es nicht.«

»Klar, das klingt schön«, pflichtete ich ihr bei. »Aber Sie wollen doch nicht ernsthaft behaupten, dass Geld überhaupt keine Rolle spielt.«

»Nein.« Sie schüttelte den Kopf. »Das will ich nicht. Aber ich bin der Ansicht, dass es nicht Luxus ist, der uns glücklich macht, sondern das Gefühl von sozialer Sicherheit. Ist eine gute finanzielle Basis vorhanden, wiegen Werte wie Liebe, Gesundheit und Selbstbestimmtheit viel mehr. Die Finnen zum Beispiel haben ein gutes Sozialsystem und fangen auch die Schwächsten auf. Das trägt ebenfalls maßgeblich zu ihrer Zufriedenheit bei.«

Wir kamen an eine Wegbiegung und wählten die Abzweigung, die wieder zurückführte. Seit wir losgelaufen waren, hatte ich das Gefühl, dass eine bleierne Schwere auf mir lastete, mich Schritt für Schritt nach unten zog. Unser Gespräch hatte irgendetwas in mir ausgelöst. Aber ich konnte immer noch nicht genau fassen, was es war.

»Wissen Sie«, sagte ich, »ich habe eigentlich immer daran geglaubt, dass Wohlstand glücklich macht. Schon als kleines Kind habe ich von einem großen Haus mit Garten geträumt. Und von einem gut bezahlten Job, zwei Kindern, einem schicken Auto sowie Urlauben in Viersternehotels. So, wie ich es von zu Hause her kannte.«

»Waren ihre Eltern denn glücklich?«

»Das dachte ich zumindest immer, weil wir uns alles leisten konnten. Aber wenn ich so darüber nachdenke, tauchen auf einmal ganz andere Erinnerungen auf …«

»Welche sind das?«

»Mein Vater war Arzt und hat sehr viel gearbeitet. Wir haben ihn nur wenig gesehen. Und wenn er abends heimkam, hat er über Rückenschmerzen und andere Beschwerden geklagt. Oft konnte er die teuren Urlaube, die wir mehrmals im Jahr machten, gar nicht richtig genießen, weil er die meiste Zeit erschöpft im Liegestuhl lag. Das habe ich als Kind aber nicht richtig begriffen. Ich habe nur seinen Erfolg und das, was er alles erreicht hatte, also die Fassade, gesehen.«

Die alte Dame schwieg.

»Ich wollte immer so werden wie mein Vater. Er war mein großes Vorbild«, fügte ich hinzu und spürte, wie mein Hals eng wurde.

»Und, ist Ihnen das gelungen?«

»Ja.« Ich musste schlucken. »Aber mir war all die Jahre nicht bewusst, welchen Preis ich dafür zahlen muss.«

»Können Sie mir das genauer erläutern?«

»Ich bin beruflich erfolgreich, habe ein großes Haus, ein schickes Auto, kann mir teure Urlaube leisten, aber«, für einen kurzen Moment versagte meine Stimme, »ich fühle mich müde und ausgebrannt und kann all das kaum noch genießen. So wie mein Vater.«

Die alte Dame sah mich mitfühlend an.

»Und das ist noch nicht alles …« Ich spürte, wie mir Tränen in die Augen schossen. »Jetzt bloß nicht losheulen«, dachte ich und wandte den Blick ab. In der Ferne sah ich unsere Bank. Mit zusammengepressten Lippen lief ich weiter. Die alte Dame folgte mir mit etwas Abstand. Als ich die Bank endlich erreicht hatte, setzte ich mich hin und atmete tief durch. Sie nahm neben mir Platz und schwieg.

Ich blickte nach oben. Eine Windböe fuhr durch die Zweige und löste unzählige Blätter ab. Diese wirbelten durch die Luft, schlugen wilde Kapriolen und tanzten voller Leichtigkeit, als gäbe es nichts Schöneres. Wann hatte ich mich das letzte Mal so fallen lassen, fragte ich mich. Einfach nur den Moment gelebt?

»Ich habe mich in den letzten Jahren oft gefragt, warum ich mich nicht glücklich fühle, obwohl ich alles erreicht habe, wovon ich geträumt habe …«

»Haben Sie eine Antwort darauf gefunden?«

»Ja, ich fange langsam an zu begreifen, dass ich viel zu viel von dem habe, was ich nicht brauche, und viel zu wenig von dem, was wirklich wichtig ist.«

»Was brauchen Sie denn wirklich?« Sie sah mich ernst an.

»Zeit«, antwortete ich und schluckte. »Zeit für die Menschen, die ich liebe – und Zeit für mich.«

Sie nahm meine Hand und drückte sie kurz.

»Was würden Sie mit dieser Zeit gerne tun?«

»So vieles.« Ich seufzte. »Meine Kinder, zum Beispiel, laufen fast immer nur nebenher. Ich hole sie von der Kita und der Schule ab, fahre dann mit ihnen einkaufen, und danach spielen sie miteinander oder mit Freunden, während ich den Haushalt mache.« Plötzlich fröstelte ich. Ich griff nach meinem leichten Steppmantel, um ihn anzuziehen.

»Und wenn ich doch mal mit den beiden spiele«, fuhr ich fort, »sind meine Gedanken meist ganz woanders. Bei der Spülmaschine, die eben gepiepst hat und die ich noch ausräumen muss, oder bei einer wichtigen beruflichen Auswertung, für die mir noch Zahlen fehlen.«

»Das geht sicher vielen so«, sagte die alte Dame.

»Früher habe ich gedacht, ich würde mal eine Mutter werden, die viel mit ihren Kindern lacht und Quatsch macht, aber jetzt bin ich fast immer zu müde dafür …«

Plötzlich musste ich an die unschöne Szene denken, die sich vor ein paar Tagen abgespielt hatte. Ich hatte auf dem Sofa gesessen, völlig gerädert von meinem anstrengenden Tag. Mein Sohn war zu mir gekommen, weil er gekitzelt werden wollte. »Später, mein Schatz, ich bin gerade zu schlapp«, hatte ich ihn vertröstet und ihm über sein blondes Köpfchen gestreichelt. Doch der Kleine hatte nicht lockergelassen und immer wieder »Mama titzeln, Mama titzeln« gerufen und an mir herumgezupft, bis ich ihn irgendwann entnervt angeschrien hatte. Er war ängstlich zusammengezuckt und weinend davongelaufen.

»Außerdem werde ich viel zu schnell laut und schimpfe zu oft«, sagte ich und senkte traurig den Blick. »Und später tut es mir leid, weil ich weiß, dass ich ungerecht war.«

Die alte Dame nickte, als wüsste sie genau, wovon ich sprach. »Das verstehe ich alles sehr gut.«

Gemeinsam schwiegen wir eine Weile und beobachteten eine Amsel, die mit ihrem Schnabel im Laub scharrte und nach Würmern suchte.

»Gibt es noch etwas, wofür Sie sich mehr Zeit wünschen?«

»Ja. Ich möchte gerne wieder mehr Paar sein«, sagte ich. »Nicht nur Vater und Mutter. Mit meinem Mann essen gehen, ins Kino gehen oder in die Sauna, so wie früher. Oft komme ich mir vor wie bei einem Staffellauf, bei dem wir uns nur noch das Holz übergeben. Wir arbeiten gemeinsam unseren Alltag ab und abends fallen wir erschöpft aufs Sofa und schauen stumpf auf den Fernseher.«

Wieder nickte die alte Dame und schwieg einen Moment. »Klingt nicht so, als wäre das zu viel verlangt.«

»Vielleicht«, sagte ich und seufzte. Die orangerote Sonne näherte sich langsam dem Horizont. »Und doch kommt es mir oft so vor, als wären meine Wünsche unerreichbar.«

Ich stand auf und ging um die alte Eiche herum. Wie viele Jahre sie wohl schon auf dieser Lichtung stand? Ihr Stamm war so breit, dass ich ihn nicht komplett mit meinen Armen hätte umschließen können. Was brauchte ich wirklich? Natürlich gab es Dinge, die ich gerne mal wieder tun würde, zum Beispiel Sport treiben. Aber brauchte ich so etwas wirklich, um glücklich zu sein? Nein, denn im Gegensatz zu Martin, für den es nichts Schöneres gab, als mit seinem Mountainbike steile Abhänge hinunterzusausen, war Sport für mich eine reine Pflichtübung, um mich gesund und fit zu halten.

Ich blieb stehen, schloss die Augen und atmete tief ein. Plötzlich blitzte eine Erinnerung vor meinem geistigen Auge auf: Ich sah mich als Kind an meinem Basteltisch sitzen, eine Tube Klebstoff in der einen Hand und einen alten Eierkarton in der anderen, aus dem mithilfe eines ausrangierten Frotteehandtuchs ein Krokodil werden sollte.

Wie begeistert war ich damals jedes Wochenende frühmorgens aus dem Bett gesprungen, um aus alten Tennisbällen, Toilettenpapierrollen und anderen Dingen, die niemand mehr brauchte, die tollsten Wesen zu erschaffen. Später hatte ich dann noch meine Leidenschaft fürs Malen entdeckt.

»Früher habe ich sehr gerne gemalt und gebastelt«, sagte ich daher und setzte mich wieder hin. »Besonders das Abtauchen habe ich daran geliebt.«

»Das Abtauchen?«

»Ja, ich konnte dabei alles um mich herum vergessen. War vollkommen bei mir selbst.«

»Klingt, als sei das sonst nicht der Fall gewesen.«

»Doch, früher schon, aber heute …« Ich dachte nach. Wann und wo war ich in meinem Leben besonders glücklich gewesen? Plötzlich wurde mir bewusst, dass es an diesem Ort gewesen war. Die schönsten Stunden meiner Kindheit hatte ich in diesem Wäldchen verbracht. Stundenlang war ich auf Bäumen herumgeklettert, zusammen mit meinen Freunden Lisa und

Frank. Wir hatten gespielt, dass wir eine Bande seien, und Baumhäuser aus alten Brettern gebaut. Nirgendwo anders hatte ich mich so frei und unbeschwert gefühlt. Später, als ich älter war, hatte ich mich oft mit einer Decke, etwas Proviant und einem spannenden Buch in mein Wäldchen zurückgezogen. Auch als ich fürs Studium weggezogen war, hatte ich stets viel Zeit draußen verbracht. Martin hatte mir zu meinem 24. Geburtstag einen Picknickrucksack mit Geschirr und Besteck geschenkt, mit dem wir uns sowohl an einsamen Plätzen als auch in großen Parks gerne niederließen.

»Ich liebe es, draußen in der Natur zu sein. Diese Lichtung zum Beispiel kenne ich aus meiner Kindheit. Hier bin ich früher oft hergekommen.«

»Wir haben viel gemeinsam«, bemerkte die alte Frau und zwinkerte mir zu. »Ich gehe jeden Tag eine große Runde spazieren. Und Sie?«

»Ich bin ab und zu auf Spielplätzen oder in unserem Garten. Aber das ist irgendwie nicht dasselbe ...« In diesem Moment sah ich, wie die Sonne hinter dem Horizont verschwand. Sie hinterließ einen rotgoldenen Abendhimmel mit Wolken, die aussahen, als würden sie glühen.

»Schau mal, die Engelchen backen«, hatte meine Mutter früher immer gesagt, wenn der Himmel im Herbst so aussah. Die Erinnerung an meine Mutter versetzte mir einen Stich. Wie sehr ich sie vermisste. Sie war ein ganz besonderer Mensch gewesen. Klug, bescheiden, immer hilfsbereit und für andere da.

»Ich würde gerne mehr Sinnvolles tun …«, sagte ich, nachdem ich eine ganze Weile schweigend den Himmel betrachtet hatte.

»Wie meinen Sie das?«, fragte die alte Dame überrascht. »Sie sind eine liebevolle und engagierte Mutter, Ehefrau und Freundin und im Beruf eine wertvolle Mitarbeiterin. Das ist doch alles sinnvoll.«

»Ja schon«, sagte ich und suchte nach den richtigen Worten »Aber ich würde mich gerne auch in anderen Bereichen engagieren, die über mich und mein Privatleben hinausgehen …« Ich seufzte. »Manchmal träume ich davon, einfach alles hinzuschmeißen und mit eigenen Händen eine Schule in Afrika aufzubauen oder mich an Bäume im Regenwald zu ketten, damit sie nicht abgeholzt werden. Es gibt so viele Dinge, die falsch laufen auf dieser Welt. Das macht mich traurig und wütend.«

»Ich verstehe, dass Sie keine Zeit haben, um nach Afrika oder in den Regenwald zu reisen. Aber warum engagieren Sie sich nicht einfach mehr in Ihrem Alltag?«

»Ja, ich weiß, ich könnte ein Ehrenamt annehmen oder bei einer Hilfsorganisation mitarbeiten. Aber auch dafür fehlt mir im Moment die Zeit. Mich stresst es ja schon, wenn ich nach der Arbeit noch einen Kuchen für den Kleiderbasar backen soll«, erwiderte ich und kickte frustriert ein Steinchen weg, das direkt vor meinen Füßen lag.

»Das meinte ich gar nicht«, entgegnete die alte Dame. »Die Welt verbessern können Sie noch viel einfacher, ohne dass es viel Zeit kostet. Ich bin mir sogar sicher, dass Sie das eine oder andere ohnehin schon tun, ohne sich dessen bewusst zu sein.«

Fragend runzelte ich die Stirn.

»Ich gebe Ihnen mal einen Tipp«, sagte sie, als sie sah, dass bei mir der Groschen immer noch nicht gefallen war. »Sie trennen doch bestimmt zu Hause den Müll, oder?«

»Ach so«, erwiderte ich, »darauf wollen Sie hinaus.«

»Genau! Alles, was wir im Alltag tun, hat Auswirkungen. Auf andere Menschen und auf unsere Umwelt. Manchmal wirkt sich unser Tun sogar global aus. Sie müssen sich also nicht an einen Baum ketten, um den Regenwald zu retten. Sie tragen schon zu seiner Rettung bei, wenn Sie keine Produkte mehr kaufen, für die der Regenwald abgeholzt wird, zum Beispiel Möbel aus Tropenholz oder Lebensmittel mit Palmöl.«

»Da haben Sie natürlich recht.«

»Lust auf ein kleines Spiel?«

»Warum nicht?« Ich war gespannt, was die alte Dame sich diesmal wieder ausgedacht hatte.

»Wir sammeln gemeinsam Ideen, wie man täglich die Welt verbessern kann, ohne dass es viel Zeit kostet.«

Ich nickte.

Sie sprudelte los. »Müll aufheben, der in der Gegend rumliegt, und in den nächsten Papierkorb werfen. Jetzt Sie!«

Ich dachte kurz nach. »Immer beim Einkaufen Stoffbeutel mitnehmen, damit weniger Plastik- und Papiertüten produziert werden müssen.«

»Super«, freute sie sich. »Obdachlosen eine Zeitung abkaufen.«

Wieder musste ich kurz nachdenken. »So häufig wie möglich das Auto stehen lassen und zu Fuß gehen oder mit öffentlichen Verkehrsmitteln fahren.«

»Lebensmittel kaufen, die bald ablaufen. Sowie Obst, das nicht perfekt aussieht, damit die Sachen nicht weggeworfen werden«, kam es prompt von der alten Dame zurück.

»Urlaub in der Region machen, anstatt zu fliegen«, fügte ich hinzu.

Und so ging unser Pingpongspiel weiter: Einer Freundin zuhören, die Kummer hat, Fahrgemeinschaften bilden, Geld in eine Spendendose werfen, mit Hunden aus dem Tierheim Gassi gehen, wenig Fleisch essen und wenn, nur in Bioqualität, Elektrogeräte ausschalten und nicht im Stand-by-Modus laufen lassen, für die alte Nachbarin mit einkaufen, saisonale und regionale Produkte kaufen, gelesene Bücher der Bücherei schenken, Wurst und Käse an der Theke in eine selbst mitgebrachte Dose einpacken lassen und in Lebensmittelgeschäften, bei denen das noch nicht möglich ist, immer wieder darum bitten, damit sich auch dort etwas ändert, gut erhaltene Kleidung und Spielzeug spenden, auf fair gehandelte Produkte achten, nur recyceltes Schreib- und Toilettenpapier benutzen, keine Einwegflaschen kaufen, immer das Licht ausmachen, wenn man einen Raum verlässt, die Kinder einer Freundin betreuen, Naturkosmetik statt herkömmlicher verwenden … Unsere Liste wurde immer länger.

»Natürlich sind das alles nur Kleinigkeiten, doch wer einiges davon umsetzt, leistet schon viel«, fasste die alte Dame abschließend zusammen.

Ich blickte in den Himmel. Die Wolken waren inzwischen blaugrau geworden, und die Nacht senkte sich langsam herab. Ich ließ mir unsere Sammlung noch einmal durch den Kopf gehen, dann bückte ich mich, kramte ein kleines Notizbüchlein aus meiner Handtasche und hielt es hoch. »Hier werde ich alle Ideen eintragen«, verkündete ich. »Und wissen Sie was? Ich bin mir sicher, dass meine ›Wie-kann-ich-die-Welt-jeden-Tag-ein-kleines-bisschen-besser-machen-Liste‹ noch lange nicht fertig ist.«

SAMTPFOTEN IM WALD

»Ich muss hier raus«, dachte ich. Dann ließ ich die Haustür hinter mir ins Schloss krachen. Zwanzig Minuten später erreichte ich die Lichtung. Kraftlos ließ ich mich auf die kalte Bank fallen. Seit zwei Tagen lagen die Temperaturen um den Gefrierpunkt.

Während ich die Augen schloss und tief ein- und ausatmete, pendelte sich mein Herzschlag langsam wieder ein. Mein Streit mit Martin hallte immer noch in mir nach. Plötzlich spürte ich eine Bewegung an meinem Hosenbein. Erschrocken öffnete ich die Augen und sah nach unten. Dort saß eine weiße Katze.

»Was machst du denn hier, so ganz alleine, mitten im Wald?«, fragte ich erstaunt.

Das Tier sprang mit einem Satz auf die Bank und setzte sich neben mich.

»Du bist aber eine Hübsche.« Ich zog meine Handschuhe aus und kraulte die Katze hinter den Ohren, was sie dazu veranlasste, sich auf der Bank neben mir einzurollen. Ihr Fell fühlte sich angenehm weich und warm an. Sie schloss die Augen und schnurrte zufrieden. »Wie lange habe ich keine Katze mehr gestreichelt«, ging es mir durch den Kopf. Leider war Martin gegen Tierhaare allergisch, sodass wir kein Haustier haben konnten.

Als Kind hatte ich einen schwarzen Kater namens Tom gehabt. Ich hatte ihn nach der tollpatschigen Zeichentrickfigur aus ›Tom und Jerry‹ benannt. Tom war für mich Freund und Geschwisterersatz zugleich gewesen, ein geduldiger Spielkamerad und ein guter Zuhörer, dem ich all meine Geheimnisse anvertraute.

Eine eisige Windböe blies mir ins Gesicht, und meinen Po konnte ich kaum noch spüren, so kalt war die Bank. Ob die alte Dame heute wohl kommen würde? Lange würde ich es in der Kälte wohl nicht aushalten. Der Wald war in den letzten Tagen noch kahler geworden. Nur noch wenige Bäume trugen einige gelbe und braune Blätter. Und auf dem Boden gewann die braune Farbe langsam die Vorherrschaft.

Der dürre Körper des Tieres neben mir zitterte vor Kälte. »Na, du, wollen wir uns gegenseitig ein bisschen wärmen?« Ich setzte die Katze auf meinen Schoß, wo sie sich sofort wieder zusammenrollte. Tom war ein richtiger Schmusekater gewesen, der immer am Fußende meines Bettes geschlafen hatte. Meine Eltern hatten ihn mir geschenkt, weil ich eine Zeit lang schreckliche Angst im Dunkeln gehabt hatte. Wenn ich nachts aufwachte und Toms leises Schnurren hörte, fühlte ich mich sicher und geborgen.

In den letzten Wochen hatte ich mich phasenweise so gut wie schon lange nicht mehr gefühlt. Durch die ersten zwei Fragen des Lebens hatte sich vieles zum Positiven verändert, und ich hatte plötzlich Dinge begriffen, die mir vorher gar nicht bewusst gewesen waren. Doch dann war die dritte Frage wie ein Tsunami über mich hinweggerollt, hatte all meine neue Kraft mit sich gerissen. Seitdem hatte ich das Gefühl, im offenen Meer zu treiben. So war es auch an diesem Tag gewesen.

Ich hatte die Kinder nach der Arbeit abgeholt, wir waren noch schnell einkaufen gefahren, und dann stand ich in der Küche, umgeben von vollen Einkaufstaschen. Die Spülmaschine musste ausgeräumt werden, auf dem Esstisch befand sich noch das Geschirr vom Frühstück, der Boden sah aus, als hätte das Krümelmonster darauf eine Keksschlacht veranstaltet.

»Mama, Dälli tucken«, bettelte der Kleine und streckte mir sein Ente-Nelly-Buch entgegen.

»Ich will fernsehen«, quengelte die Große.

»Später«, sagte ich zum Kleinen und dann zur Großen gewandt: »Das heißt nicht ›Ich will‹, sondern ›Darf ich bitte?‹. So, und jetzt geht erst mal rauf, spielen, ich hab hier noch zu tun.«

Widerwillig zogen beide ab.

Kurz darauf hörte ich, wie sich ein Schlüssel im Haustürschloss drehte und ein Koffer über die Fliesen im Flur rollte. Martin war von seiner zweitägigen Dienstreise zurück. Er kam in die Küche und gab mir einen flüchtigen Kuss auf die Wange.

»Na, wie war die Messe?«, fragte ich ihn.

»Total stressig«, murmelte er. Dann schnappte er sich eine Banane, die aus einer der Einkaufstaschen hervorlugte, und verschwand Richtung Wohnzimmer. Zehn Sekunden später hörte ich, wie der Fernseher anging.

»Das ist jetzt nicht dein Ernst!«, rief ich aus der Küche.

»Was meinst du?«, kam es zurück.

Wütend verließ ich meinen Posten, lief ins Wohnzimmer und sah, wie Martin sich gemütlich auf dem Sofa fläzte, tief in die weichen Kissen vergraben, die er nie aufschüttelte, die Füße auf dem Couchtisch ruhend. Er sah auf den Fernseher und biss in seine Banane.

»Hast du nicht gesehen, dass hier jede Menge Arbeit wartet?«

»Ich brauche jetzt erst mal eine Auszeit«, war seine knappe Antwort.

»Und was ist mit mir?« Ich hörte, dass meine Stimme zu schrill klang.

»Setz dich doch zu mir.«

»Soll das ein Witz sein? Und wer räumt dann die Einkäufe weg und die Spülmaschine aus? Wer macht den Esstisch sauber – die Heinzelmännchen vielleicht?«

»Das können wir doch später machen …«

»Später?« Ich lachte bitter. »Da bin ich leider schon verabredet.«

»Mit wem?« Martins Augen weiteten sich überrascht.

»Mit einem völlig verdreckten Auto, das dringend mal wieder ausgesaugt werden will, und einem Rasen, der es kaum noch abwarten kann, vom Laub befreit zu werden. Nicht zu vergessen die drei Körbe mit sauberer Wäsche, die einsortiert werden will. Und dann sind da noch diese zwei kleinen Menschen, die hier wohnen und mich ab und zu auch mal sehen wollen.«

»Echt, die kenn ich gar nicht.« Martin grinste lausbubenhaft.

Wie sehr hatte ich dieses Grinsen früher geliebt. Jetzt löste es nur Aggressionen bei mir aus.

»Sehr witzig.«

»Jetzt komm doch mal wieder runter«, sagte Martin, während er sich erneut dem Fernseher zuwandte.

»Runterkommen?« Meine Stimme wurde noch schriller. »Bist du vielleicht schon mal auf die Idee gekommen, dass ich das hier nicht zum Spaß mache? Dass ich mir nichts sehnlicher wünsche, als mich, genau wie du, aufs Sofa zu setzen und einfach mal gar nichts zu tun?«

»Und warum machst du es dann nicht?«, fragte er genervt.

»Was denkst du wohl?«, schmetterte ich ihm entgegen. »Weil ich einen Job, ein großes Haus und zwei kleine Kinder habe. Wenn ich heute alles liegen lasse, habe ich morgen doppelt so viel Arbeit. Dabei weiß ich jetzt schon nicht, wo mir der Kopf steht! Ich kann dir gar nicht sagen, wie sehr ich das alles hier satthabe!«

Jetzt hatte ich Martins volle Aufmerksamkeit.

»Wie meinst du das?«

In diesem Moment hatte ich das Gefühl, dass plötzlich etwas in mir aufbrach. Eine feste schwarze Kruste aus Frust und Enttäuschung, aus der jetzt heiße, gefährliche Wut strömte.

»Wie ich das meine?«, fauchte ich. »Ich hasse es, jeden Tag abgehetzt von der Arbeit heimzukommen und direkt wieder vor einem riesigen Berg Arbeit zu stehen. Ich hasse es, nie wirklich Zeit für unsere Kinder zu haben und immer nur ›Nein, jetzt nicht!‹ sagen zu müssen. Ich hasse es, mich ständig müde und ausgebrannt zu fühlen und an nichts mehr wirklich Freude zu haben. Ich hasse dieses Hamsterrad, das mein Leben ist, in dem ich mich jeden Tag aufs Neue abstrample. Immer und immer wieder die gleichen Aufgaben, die nie enden wollen.«

Mit weit aufgerissenen Augen und leicht geöffnetem Mund starrte Martin mich an. Noch nie zuvor hatte er mich so wütend, so laut, so unbeherrscht erlebt.

»Aber …«

»Ich bin noch nicht fertig«, fuhr ich ihn an. Dann holte ich tief Luft. »Du willst wissen, wie ich das alles meine? Ich hasse unser Haus, unseren Garten, unsere Autos und den ganzen überflüssigen Krempel hier!«, brüllte ich, während ich mich einmal um die eigene Achse drehte.

»DENN ALL DAS HIER FRISST MICH AUF!«

»Aber du wolltest das doch alles haben«, stammelte Martin fassungslos.

Darauf wusste ich keine Antwort. Stattdessen verließ ich fluchtartig das Haus.

Jetzt saß ich auf der alten Bank, mitten im Wald, allein mit einer Katze, und wusste nicht, wie es weitergehen sollte. Warum hatte ich nur so viele Jahre lang die Augen verschlossen, mich jeden Tag selbst belogen? Um den Schein zu wahren, weil mein Leben von außen betrachtet einer schönen, schillernden Seifenblase glich? Nein, ich hatte es selbst nicht besser gewusst, hatte den Käfig, der mich umgab, für die große Freiheit gehalten.

»Ich muss gehen«, sagte ich, mehr zu mir selbst. Dann setzte ich die Katze auf den Boden und kraulte sie zum Abschied noch einmal hinter den Ohren.

Später, als ich auf dem Heimweg mit meinem Auto an einer roten Ampel zum Stehen kam, sah ich hinter einer kahlen Hecke ein kleines Mädchen auf einer Schaukel. Es war vielleicht sieben oder acht Jahre alt und dick in Winterkleidung eingemummelt. Seine Beine stachen hoch in die Luft und die geflochtenen Zöpfe flogen zu beiden Seiten. Der Balken, an dem die Schaukel hing, bebte unter der schwungvollen Last. Ich konnte sehen, wie die Kleine vor Freude juchzte, und auf ihrem Gesicht lag ein Strahlen, so hell und klar, wie es nur tief empfundenes Glück hervorzuzaubern vermag.

Plötzlich musste ich an das kleine Mädchen denken, das ich einmal gewesen war. Das so gerne draußen im Wald auf Bäume kletterte. Das mit seiner Katze schmuste, spielte und viel lachte. Das einmal genauso glücklich und unbeschwert war und dachte, es würde immer so weitergehen.

Wie sehr hatte es sich getäuscht.

DER REGENBOGEN WARTET NICHT

Schon den ganzen Weg über begleitete mich eine Vorahnung. Vielleicht lag es am Nebel, der nicht nur Büsche und Bäume, sondern auch alle Geräusche um mich herum verschluckte und den Wald so unwirklich erscheinen ließ. Drei Mal noch war ich in den letzten Tagen in den Wald gegangen und hatte auf die alte Frau gewartet. Vergeblich. Jetzt hoffte ich inständig, dass sie heute kommen würde.

Als ich die Lichtung endlich erreichte, erkannte ich diese kaum wieder. Die alte Eiche, von der nur ein paar kahle Äste durch das dichte Weiß schimmerten, wirkte wie eine große, unheimliche Geistergestalt. Heute war einer jener Herbsttage, an denen es überhaupt nicht richtig hell wurde. Ich zog den Reißverschluss meines Daunenmantels weiter hoch und sah mich um, konnte aber niemanden entdecken.

»Hallo«, rief ich, »sind Sie hier?« Keine Antwort. Ich wandte mich um, überall nur Nebel.

»Hallo«, rief ich noch einmal, diesmal lauter. Doch nur ein leises Echo kam zurück.

Ich spürte, wie sich Enttäuschung in mir ausbreitete. War ich doch wieder umsonst gekommen?

Plötzlich hörte ich ganz in der Nähe ein Knacken, dann trat die alte Dame aus dem Nebel heraus.

»Schön, Sie zu sehen«, sagte sie und lächelte auf ihre mir inzwischen sehr vertraute Art und Weise.

»Wo waren Sie die letzten Tage? Ich habe Sie schon vermisst«, platzte es aus mir heraus.

»Oh, alles in Ordnung?«, fragte sie und sah mich besorgt an. Dann deutete sie zur Bank. »Wollen wir uns setzen oder lieber ein Stück gehen?« War es das fahle Licht des Nebels, das sie heute so müde und blass aussehen ließ?

»Ich würde mich lieber setzen«, antwortete ich und nahm Platz. »Ich bin ziemlich erschöpft und fühle mich, um ehrlich zu sein, nicht besonders gut. Aber was ist mit Ihnen?«, fügte ich hinzu. »Alles okay?«

»Ach, man wird nicht jünger«, sagte sie und lächelte erneut. »Aber alles halb so schlimm …«

Dann wurde ihr Blick wieder ernst. »Was haben Sie denn auf dem Herzen?«

»Ich«, setzte ich an und holte tief Luft, »ich habe lange über die dritte Frage des Lebens nachgedacht. Ich weiß jetzt, was ich nicht brauche. Und ich weiß, wonach ich mich sehne. Doch egal wie ich es drehe und wende, es scheitert an der Zeit.« Ich spürte, wie mein Herz schwer wurde. »Woher soll ich die Zeit denn nehmen?«

»Ich würde Ihnen sehr gerne helfen«, sagte die alte Dame, und ihre Augen glänzten traurig. »Aber die Antwort darauf können nur Sie selbst finden.«

»Aber wie? Ich werde einfach das Gefühl nicht mehr los, dass ich dafür mein ganzes Leben über den Haufen werfen müsste. Aber«, ich schluckte, »ich habe schreckliche Angst davor.« Ich griff nach einem Taschentuch in meiner Manteltasche und schnäuzte die Nase. Ich fühlte mich wie ein Kind, das man an die Hand genommen und behutsam einen steinigen Weg entlanggeführt hatte, um es dann vor einem riesigen Berg alleine zurückzulassen.

»Ich verstehe Ihre Sorgen. Manchmal ist es leicht, Dinge zu verändern, manchmal braucht man aber auch sehr viel Mut.«

»Ich habe mir so viel aufgebaut. Das kann ich doch nicht einfach alles hinter mir lassen«, sagte ich und hörte, wie meine Stimme dabei zitterte.

Die alte Dame runzelte die Stirn, so als würde sie mehrere Möglichkeiten abwägen. »Möchten Sie die letzte Frage des Lebens wissen?«, fragte sie dann.

»Ja, natürlich! Wie lautet sie denn?«

»Nun ja«, sagte sie zögerlich und legte den Kopf zur Seite, »bevor ich es Ihnen verrate, sollten Sie noch wissen, dass diese Frage anders ist als die vorigen.«

»Inwiefern?«

»Durch sie kann sich alles, was ist, verändern.«

»Aber genau das will ich ja!«

Ein Lächeln huschte über ihr Gesicht, doch dann wurde ihre Miene wieder ernst. »Bereit?«

Ich holte tief Luft. »Ja, ich bin bereit.«

Sie rückte näher und nahm meine Hand in ihre. Dann sah sie mir tief in die Augen.

»Die letzte Frage lautet: Würde ich so weiterleben wollen wie im Moment, wenn ich wüsste, dass ich in einem Jahr sterben muss?«

Mir lief ein Schauer über den Rücken.

»Schließen Sie doch mal die Augen«, forderte sie mich auf, bevor ich über die letzte Frage nachdenken konnte.

»Warum soll ich das tun?«, fragte ich irritiert.

»Weil ich Sie gerne auf eine kleine Gedankenreise mitnehmen möchte.«

Ich tat, worum sie mich gebeten hatte.

»Und jetzt stellen Sie sich bitte einen Regenbogen vor.«

Es dauerte eine Weile, bis sich ein Bild vor meinem geistigen Auge formte: Dann sah ich ein großes, weites Feld, auf dem sich Kornähren im Wind wiegten. Darüber spannte sich ein perfekter Regenbogen, der in allen Spektralfarben verheißungsvoll leuchtete.

»Was sehen Sie?«, hörte ich die Stimme der alten Frau neben mir.

»Schöne bunte Farben.«

»Noch etwas?«

Ich sah eine dichte graue Wolkendecke, aus der dicke Regentropfen zur Erde fielen, und inmitten der Wolken eine kleine Lücke, durchbrochen von gleißenden Sonnenstrahlen.

»Ich sehe, dass es regnet und gleichzeitig die Sonne scheint.«

»Wie fühlen Sie sich?«

»Ich empfinde Glück. Und Freude.«

»Und warum?«

»Weil ein Regenbogen etwas Besonderes ist. Ein flüchtiger, sehr kostbarer Moment.«

Ohne die Augen zu öffnen, wusste ich, dass sie lächelte.

»Eine chinesische Weisheit lautet: ›Die Arbeit läuft dir nicht davon, während du deinen Kindern den Regenbogen zeigst, aber der Regenbogen wartet nicht, bis du mit der Arbeit fertig bist.‹«

Plötzlich war der Regenbogen vor meinem geistigen Auge verschwunden. Stattdessen sah ich Szenen aus meinem Leben wie in einem Zeitraffer: Ich sah mich im Büro, bei wichtigen Meetings, in Supermärkten, in der

Waschküche, auf dem Wohnzimmerboden mit meinen Kindern. Eine dünne, bleiche Frau mit schmalen, freudlosen Lippen, die wie ein gehetztes Tier wirkte. Eine Frau mit leeren Augen.

Und dann kam der Schmerz. Ein Schmerz wie ein Orkan. Der mich umwarf, niederdrückte, an mir zerrte. Der meine Traurigkeit, meine Angst, meine Wut aus mir herausschüttelte. Ich heulte wie ein kleines Kind. Laut schluchzend und am ganzen Körper bebend. Bis das Tosen des Orkans irgendwann nachließ und die Tränen verebbten. Nach und nach wurde ich ruhiger, spürte den Wind auf meinen nassen Wangen, hörte das Rascheln der letzten verbliebenen Blätter über meinem Kopf. So saß ich noch eine ganze Weile dort. Als ich die Augen wieder öffnete, sah ich, dass die Bank neben mir leer war.

MEIN NEUER WEG

»Schatz, kommst du? Der Grill ist an!«, höre ich Martin von draußen rufen.

»Ich brauche noch einen Moment, geh ruhig schon mal vor«, rufe ich zurück und ziehe mir mein geblümtes Trägerkleid über den Kopf. Dann trete ich vor den kleinen runden Spiegel und muss unwillkürlich lächeln. Mein Gesicht ist von der Sonne gebräunt, und meine zerzausten Locken stehen in alle Richtungen ab. »Wild wie eine Amazone siehst du aus«, denke ich amüsiert.

Nachdem ich mir vorhin eine ausgiebige Wasserschlacht mit Martin und den Kindern geliefert hatte, bin ich mit dem Surfbrett auf den See hinausgepaddelt und habe auf dem Rücken liegend den Zug der Wolken beobachtet, begleitet vom fröhlichen Lachen und Kreischen, das der Wind vom Ufer zu mir herübertrug. Das Ergebnis dieses ausgelassenen Nachmittages sieht man nun auf meinem Kopf.

Ich nehme meine Bürste aus der obersten Schublade der Kommode, in der sich ein Großteil unserer Habseligkeiten befindet, streiche meine Haare zurück und binde sie zu einem Zauseldutt zusammen. Vorne an den Schläfen zeigen sich erste graue Strähnen. Es ist erst ein paar Wochen her, dass ich so wie jetzt vor dem Spiegel stand und dachte: »Du musst dir dringend mal wieder die Haare färben.« Doch dann spürte ich plötzlich dieses Kribbeln im Bauch, ein Gefühl, das ich mittlerweile nur zu gut kenne und das mich innehalten ließ. »Warum eigentlich?«, fragte ich mich. »Was ist denn so schlimm an diesen grauen Strähnen? Natürlich machen sie mich ein bisschen älter. Aber schließlich bin ich keine zwanzig mehr.« Und das fühlt sich, wie ich in letzter Zeit immer wieder überrascht feststelle, richtig gut an. Wie unsicher war ich als junge Frau häufig. Die Taffe, Selbstsichere habe ich oft nur gespielt. Inzwischen ist sie echt, diese innere Stärke, die sich an Tagen, an denen mir das Leben wie ein rauer Nordwind um die Ohren pfeift, wie ein warmer, schützender Mantel anfühlt.

Und als ich so vor dem Spiegel stand, war er plötzlich zum ersten Mal da. Der Wunsch, meine grauen Haare, meine Falten und alle Zipperlein, die noch kommen werden, annehmen zu lernen.

Ich tusche mir schnell die Wimpern, dann hole ich die große Pappschachtel aus dem Kühlschrank, schnappe mir das Päckchen, das neben der Spüle liegt, und öffne die Tür. Wie jedes Mal bleibe ich kurz auf der Schwelle stehen, spüre, wie mein Herz vor Freude ein kleines bisschen schneller schlägt. Vor mir liegt der

See, umsäumt von dichten grünen Büschen und hohen Laubbäumen. Die Augustsonne steht bereits tief am Himmel und wirft ihre Strahlen auf das Wasser. Dort, wo sie auf die Oberfläche auftreffen, glitzern sie wie unzählige Diamanten.

Beschwingt springe ich von der letzten Stufe des Wohnmobils auf den schmalen Rasenstreifen, freue mich über den üppigen Wuchs meiner beiden Hortensien, die einzigen Pflanzen, für die ich noch Verantwortung trage, und verlasse unsere kleine Oase durch die Öffnung in der Lorbeerhecke. Zwei Hecken weiter biege ich rechts ab und betrete den kleinen Garten unserer neuen Nachbarn.

Martin steht neben Janko am Grill. Beide Männer halten ein Bier in der Hand und fachsimpeln, wie ich vermute, über die Kunst der perfekten Fleischzubereitung. Sina sitzt auf einem weißen Klappstuhl vor ihrem Camper. Sie hat ihr schwarzes Haar zu einem Pferdeschwanz zusammengebunden, trägt fransige Hotpants und ein schlichtes weißes Top, das ihre schlanken Oberarme betont. Rechts neben ihr, bäuchlings auf dem Rasen, liegt mein Sohn und krault Trudi, die Campingplatzkatze. Trudi, ein fülliges Tier, das stets auf der Suche nach einem Leckerbissen über den Campingplatz stromert, hat alle viere von sich gestreckt und scheint die Streicheleinheit zu genießen.

»Hallo, Süße, alles Gute zum Geburtstag.« Ich beuge

mich zu Sina hinab und küsse sie auf die Wangen. »Gut siehst du aus!«

»Ach, hör auf«, wehrt Sina lachend ab, »ich darf gar nicht daran denken, dass ich nächstes Jahr nulle. Dann ist es mit der Jugend endgültig vorbei.«

Ich stelle die Pappschachtel vor sie auf den Tisch. »Für dich.«

»Ich liiiiiebe Geschenke«, quiekt sie und klatscht begeistert in die Hände. Ich muss lachen. Die Art und Weise, wie Sina ihre Emotionen stets ungefiltert an die Oberfläche sprudeln lässt, ist einer der Gründe, warum ich sie schon bei unserer ersten Begegnung ins Herz geschlossen habe.

»Mhm, Erdbeertorte«, freut sie sich, nachdem sie unter den Deckel gelugt hat. »Sieht köstlich aus! Danke!«

»Mit Liebe gekauft.«

»Recht hast du.« Sina grinst.

Ich überreiche ihr das Päckchen. »Noch eine Kleinigkeit.« Für eine Millisekunde betrachtet sie das gestreifte Papier, dann reißt sie es mit einem Ratsch entzwei.

»Oh, wie schön. Du hast daran gedacht!« Sina springt auf und drückt mich fest an sich. »Danke!« Für einen Moment verstummt sie und betrachtet das Bild, auf dem ein See, über den sich ein Regenbogen spannt, zu sehen ist. »Wow, das ist ja unser See«, freut sie sich. »Ich liebe deine Bilder.«

»Danke«, sage ich und knabbere verlegen an meiner

Unterlippe. Mittwochs kümmert sich Martin jetzt immer um die Kinder, und der Nachmittag gehört nur mir. Manchmal setze ich mich dann aufs Sofa und lese oder ich unternehme etwas mit einer Freundin. Oft hole ich aber auch nur meine Staffelei aus der kleinen Abstellkammer, setze mich damit ins helle Wohnzimmer und male. Mein Lieblingsmotiv ist der Regenbogen, den ich immer wieder in unterschiedliche Landschaften einfüge, mal über meiner Lichtung, mal in einer grauen, trostlosen Industriestadt. Eigentlich male ich nur für mich. Doch neulich hat Sina zwei meiner Bilder in unserem Campingwagen entdeckt und war so begeistert, dass ich beschloss, auch eines für sie zu malen.

»Wollen wir das gute Stück gleich schlachten?«, fragt Sina, die das Bild auf den Tisch gelegt und sich wieder der Pappschachtel zugewandt hat.

»Unbedingt«, freue ich mich.

Inzwischen ist es fast drei Jahre her, dass ich der alten Dame zum letzten Mal begegnet bin. Ich habe noch oft nach ihr gesucht, habe sie aber – zu meinem großen Bedauern – nicht mehr getroffen. Unsicher, ob ich Martin von ihr erzählen sollte, habe ich mich schließ-

lich dagegen entschieden. Mein Gefühl sagte mir, dass diese Begegnungen nur für mich bestimmt waren. Aber natürlich sprach ich mit Martin über meine neuen Erkenntnisse. Ich erklärte ihm, warum ich nicht mehr glücklich war. »Was willst du denn? Alles läuft doch super bei uns«, hatte er anfangs immer wieder verständnislos gefragt. Es folgten viele Diskussionen, manchmal flogen auch die Fetzen. Doch nach und nach begriff Martin, worum es mir ging. Er verstand, was mir durch die vier Fragen des Lebens bewusst geworden ist.

»Wer möchte Kuchen?«, ruft Sina, die mit einem Tablett aus dem Campingwagen kommt.

»Danke, lieber später«, antwortet Janko.

Martin nickt: »Passt nicht so gut zum Bier.«

»Sorry, Jungs, aber ich weiß nicht, ob wir euch etwas übrig lassen können«, scherze ich und setze mich an den weißen Plastiktisch.

Mein Kleiner, der inzwischen schon recht groß geworden ist, kommt hungrig herbeigestürmt. Ich nehme ihn auf den Schoß, und Sina stellt einen Teller mit zwei großen Stücken Erdbeertorte darauf vor uns hin. »Lasst es euch schmecken.«

Kunstvoll versucht mein Sohn, ein dickes Stück Torte auf seiner Gabel Richtung Mund zu balancieren, doch kurz vor dem Ziel purzelt es hinab und hinterlässt eine weiße Sahnespur auf T-Shirt und Hose.

»Volltreffer!«, sage ich und muss lachen. »Das waren die letzten sauberen Klamotten. Gut, dass wir morgen wieder heimfahren.«

»Deine Nerven möchte ich mal haben«, sagt Sina mit ehrlicher Bewunderung in der Stimme. »Wie schaffst du es nur, immer alles so locker zu nehmen?«

»Ach, über Flecken habe ich mich noch nie aufgeregt. Aber es gab Zeiten in meinem Leben, da war ich alles andere als entspannt. Da bin ich schon bei jeder Kleinigkeit durch die Decke gegangen.«

»Echt jetzt?« Sinas Augen weiten sich überrascht. Sie sieht mich an, als hätte ich einen Aprilscherz gemacht.

»Leider ja.«

»Und was hast du verändert?«

»Das ist eine längere Geschichte. Wenn du magst, erzähle ich sie dir mal irgendwann ganz in Ruhe. Bei einem Kaffee oder einem Gläschen Wein, okay?«

»Unbedingt!«, nickt Sina eifrig. »Ich würde auch so gerne …« Mehr erfahre ich nicht, denn Sina wird vom Klingeln ihres Handys unterbrochen. »Sorry, das ist meine Schwester. Da muss ich mal ran«, sagt sie und verschwindet im Campingwagen. Auch mein Sohn, der seinen Kuchen inzwischen verputzt hat, springt von meinem Schoß hinunter und macht sich auf die Suche nach Trudi.

Ich genieße die letzten Bissen und lasse meinen Blick über den See schweifen. Während ich Sina im Hintergrund plaudern höre, muss ich wieder an die letzten drei Jahre denken.

Mittlerweile besitzen wir kein zweites Auto, kein Haus, keinen Garten und keine vollen Schränke mehr, sondern nur noch Dinge, die wir wirklich brauchen. Martin und ich haben beide nur noch Sechzig-Prozent-Stellen, eine kleine Wohnung, ein altes Wohnmobil und Zeit für Dinge, die uns wirklich wichtig sind. Für unsere Kinder und Freunde, für uns als Paar, unsere Hobbys und sogar für ein Ehrenamt. Einmal in der Woche gehe ich als sogenannte Grüne Dame in ein Seniorenheim und leiste den Bewohnern dort Gesellschaft. Manchmal lese ich ihnen etwas vor, oft sitze ich auch nur an ihrem Bett und streichle ihre Hand. Dann denke ich voller Dankbarkeit an die alte Dame und hoffe, dass es ihr gut geht. In einem stillen Moment dort habe ich auch verstanden, dass ich sie nicht mehr suchen muss. Denn egal wo ich bin, sie ist immer da. In meinem Herzen und meinen Gedanken begleitete sie mich auf meinem neuen Weg.

»Sina, wo steckst du? Das Fleisch ist gleich fertig!« Jankos Rufen holt mich zurück in die Gegenwart.

»Prima!« Sina streckt ihren Kopf zwischen den bunten Streifen des Insektenvorhangs hervor. »Aber erst will ich noch anstoßen!« Mit einer Flasche Sekt in der einen und zwei Gläsern in der anderen Hand kommt sie heraus, stellt die Gläser auf den Tisch und schenkt uns beiden ein.

»Auf dich, mein Herz«, sagt Janko, nachdem sich die Männer zu uns gesellt haben, und hebt sein Bier in die Höhe.

»Auf uns!«, strahlt Sina in die Runde.

»Und auf das Leben«, ergänze ich lachend. Dann stoßen zwei Flaschen Bier und zwei Gläser Sekt klirrend aneinander.

DOMINO DES LEBENS

»Und, schlafen die beiden schon?«, fragt mich Martin ein paar Stunden später, als ich mich neben ihn auf die oberste Stufe unseres Wohnmobils setze. Es ist spät geworden. Am tiefschwarzen Himmel leuchten bereits unzählige Sterne.

»Wie zwei kleine Murmeltiere«, sage ich und lege meine Hand auf Martins Knie. »Am liebsten hätt ich sie aufgefressen, so süß sehen sie immer aus, wenn sie schlafen.«

»Und dabei sind sie in Wirklichkeit kleine, böse Biester.«

»Von wegen«, lache ich und knuffe Martin mit dem Ellenbogen in die Seite. Dann blicke ich auf den See hinaus. Auf der leicht gekräuselten Wasseroberfläche spiegelt sich der silberne Halbmond. Ich liebe diesen Ort. Weil er zu jeder Tages- und Jahreszeit anders aussieht. Weil er an heißen Tagen laut und prall gefüllt mit Leben ist und in Nächten wie dieser leise und melancholisch. Weil er mir sowohl Abwechslung als auch Ruhe spendet. Und ich liebe die Einfachheit des Campinglebens.

Unser kleines Wohnmobil, das Martin in mühevoller Arbeit gemeinsam mit meinem Vater wieder auf Vordermann gebracht hat. Die Nähe, die entsteht, wenn man auf wenigen Quadratmetern zusammenlebt. Und die Freiheit, einfach mal drei Tage lang im selben Kleid und ungeschminkt herumlaufen zu können.

»Du, Martin«, sage ich irgendwann in das Zirpen der Grillen hinein. »Ich habe heute noch mal über die letzten drei Jahre nachgedacht.«

»Und?«

»Wenn ich's mir so recht überlege, war es gar nicht die *eine* große Sache, die alles verändert hat, sondern es waren viele kleine Dinge. Eine positive Veränderung hat die nächste angestoßen – so wie beim Domino, wenn ein Steinchen das nächste umwirft«, stelle ich fest. »Es war quasi eine positive Kettenreaktion. Findest du nicht?« Ich sehe Martin an und bemerke erst jetzt, dass seine Augen amüsiert blitzen.

»Meine kleine Philosophin«, sagt er, legt seinen Arm um meine Schulter und zieht mich an sich heran. »Manchmal erkenne ich dich wirklich kaum wieder …«

Ich knuffe ihn erneut. »Hey, ich hoffe, das war ein Kompliment!«

Statt einer Antwort berühren seine weichen Lippen meine. Ich schließe die Augen und genieße seine Nähe. Nachdem wir uns lange und intensiv geküsst haben, schmiege ich meinen Kopf an seine Schulter. So sitzen wir wieder schweigend da.

»Schatz«, flüstert mir Martin nach einer Weile ins Ohr und ich spüre, wie sich seine Nasenspitze in meinen Locken vergräbt.

»Ja?« Ich hebe den Kopf. Diesmal sehen seine Augen ernst aus.

»Was würdest du *heute* an deinem Leben ändern, wenn du wüsstest, dass du in einem Jahr sterben musst?«

Ich spüre, wie sich ein warmes Gefühl von der Mitte meines Bauches in meinem ganzen Körper ausbreitet und sogar meine Fingerkuppen kribbeln lässt.

»Nichts«, sage ich und lächele.

Dann lege ich meinen Kopf zurück auf Martins Schulter.

DANKSAGUNG

Ich danke allen Menschen,
die mich lieben und unterstützen.

Die mich inspirieren, anspornen,
vorantreiben.

Die mir den Weg ebnen,
Steine wegrollen, Türen öffnen.

Die mir Irrtümer aufzeigen, den Spiegel
vorhalten, mich besser machen.

Die mir ihre Freundschaft schenken,
mich auffangen, mir hochhelfen, mich tragen.

Die mich schätzen, respektieren,
ernst nehmen, aushalten.

Die sich mit mir freuen, für mich einstehen,
für mich da sind.

Die mit mir lachen, mit mir weinen
und die an mich glauben.

INSPIRATION FÜRS LEBEN VON JOHN STRELECKY

BESUCHEN SIE UNSER AUTOREN-SPECIAL:
www.dtv.de

www.dtv.de dtv